LE CŒUR

DE

SAINTE GERTRUDE

OU UN CŒUR

SELON LE CŒUR DE JÉSUS

Par le P. L.-J.-M. CROS

De la Compagnie de Jésus.

QUATRIÈME ÉDITION

APOSTOLAT DE LA PRIÈRE | LIBRAIRIE BRUNET

TOULOUSE | ARRAS

rue Montplaisir | 92 rue Gambetta

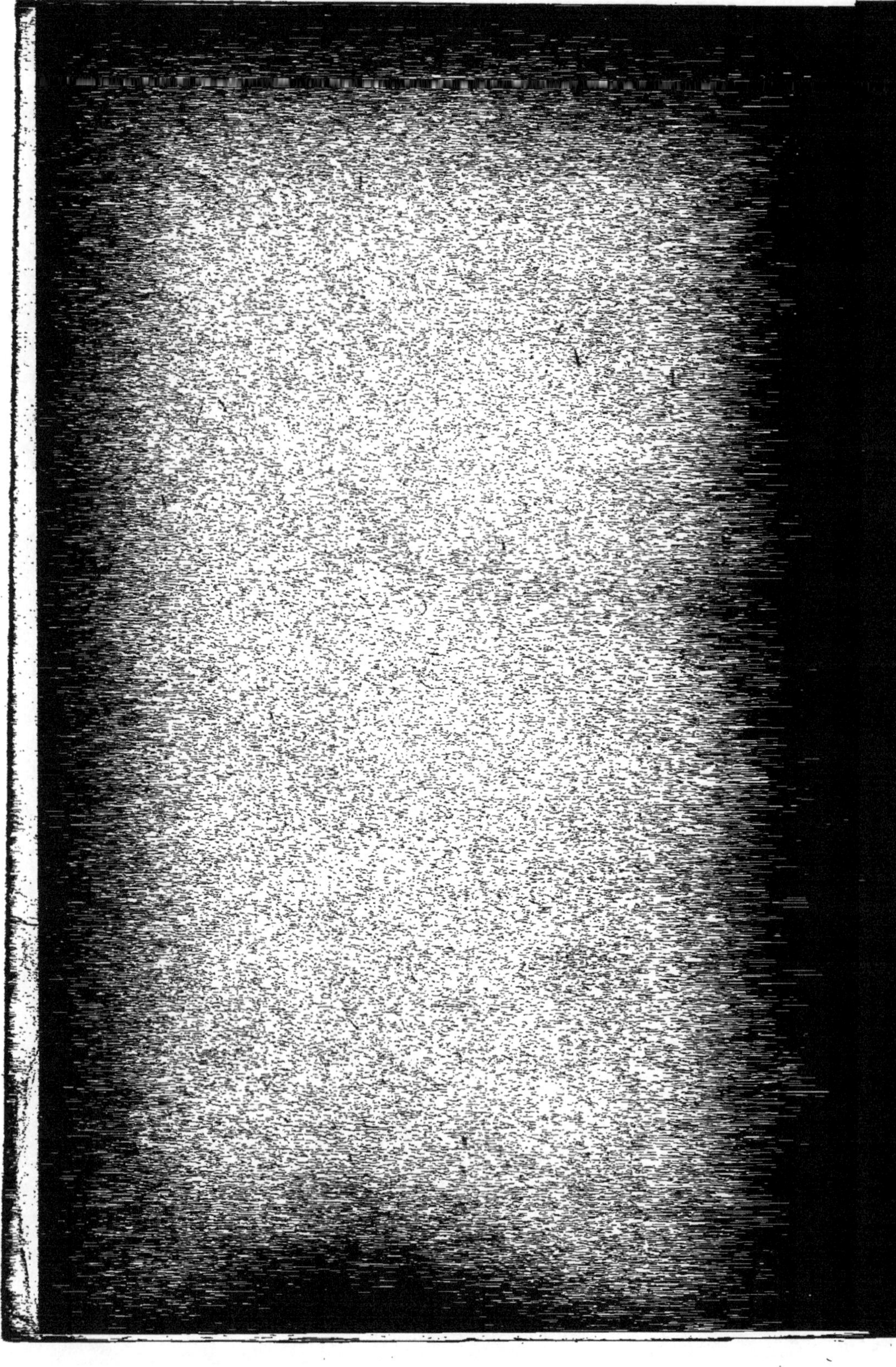

LE CŒUR

DE SAINTE GERTRUDE

OU

UN CŒUR SELON LE CŒUR DE JÉSUS

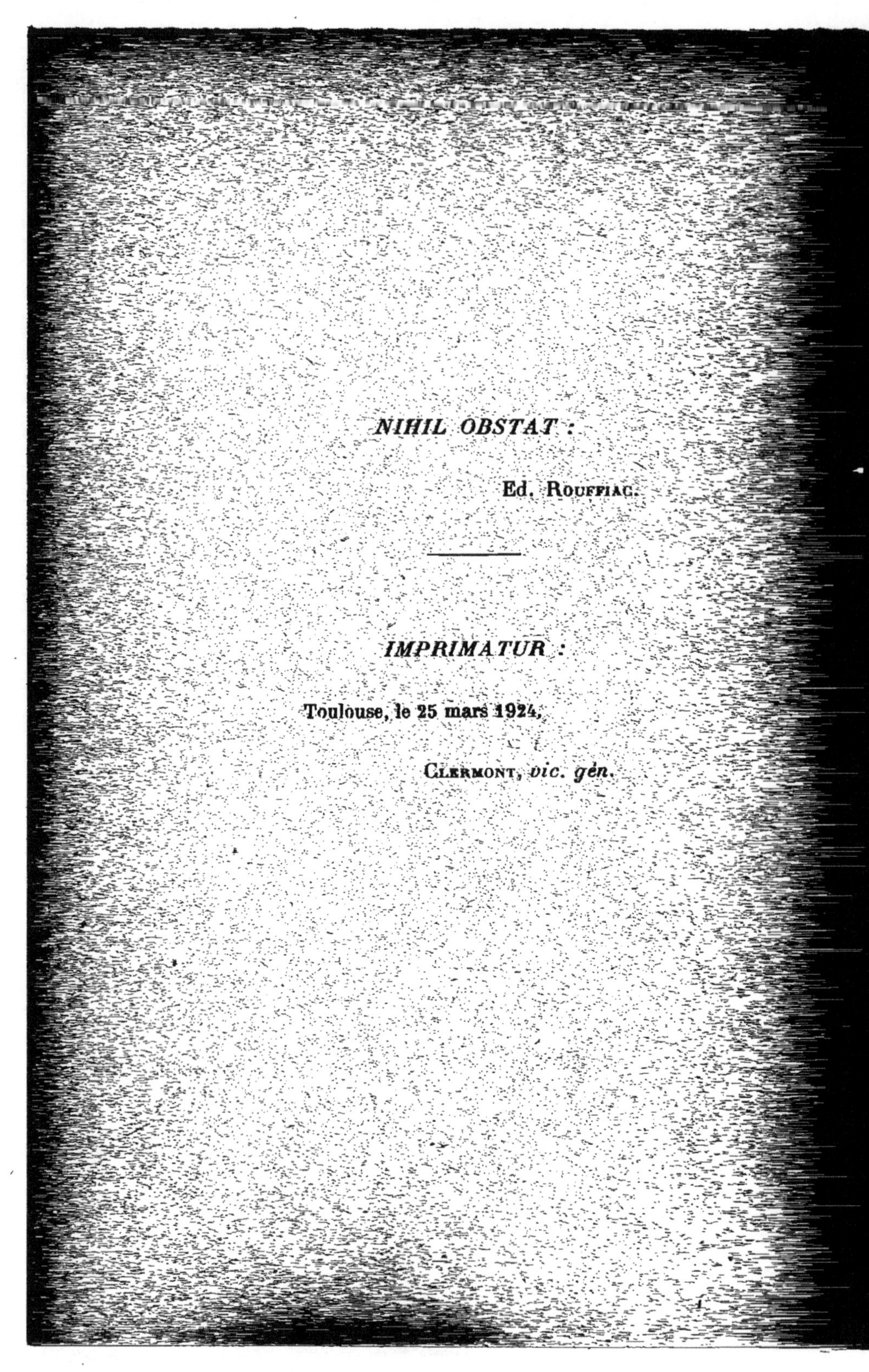

LE CŒUR

DE

SAINTE GERTRUDE

OU UN CŒUR

SELON LE CŒUR DE JÉSUS

Par le P. L.-J.-M. CROS

De la Compagnie de Jésus.

SEPTIÈME ÉDITION

APOSTOLAT DE LA PRIÈRE	LIBRAIRIE BRUNET
TOULOUSE	ARRAS
9, rue Montplaisir.	32, rue Gambetta.

SANCTO JOSEPH

VIRO MARIÆ, DE QUA NATUS EST JESUS,

CŒLITUM DECORI, VITÆ NOSTRÆ SPEI,

CERTISSIMÆ MUNDI COLUMINI

Dès que le nom du Bienheureux JOSEPH fut entendu, tous les Saints inclinèrent respectueusement leurs fronts vers l'Époux de la Vierge-Mère, et du regard ils le félicitaient, se réjouissaient avec lui de sa dignité incomparable. (*Insinuation. divin. pietat.*, lib. IV, cap. 12.)

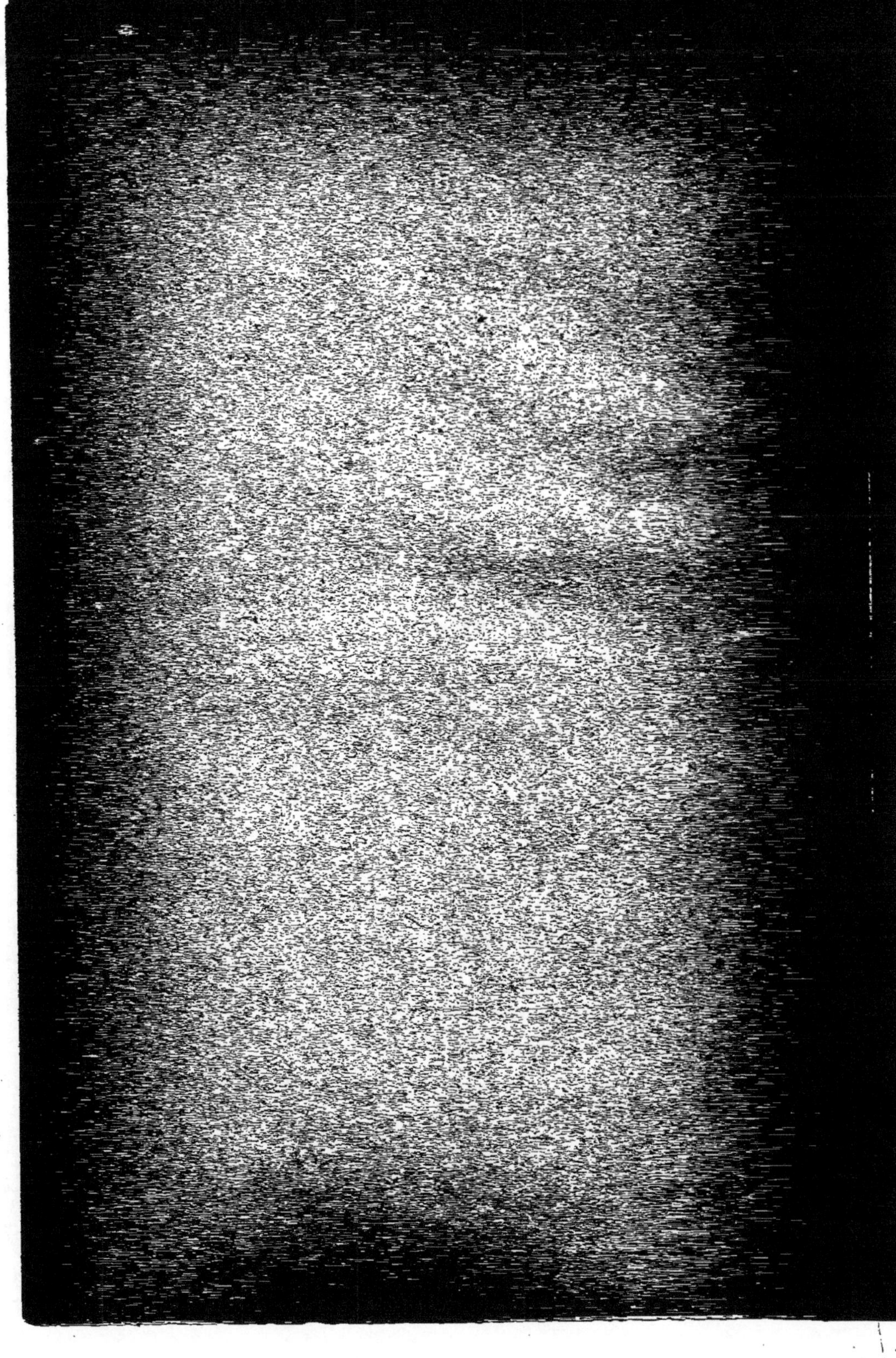

INTRODUCTION

Il a plu à Notre-Seigneur de déclarer que le cœur de sainte Gertrude est pour lui une délicieuse demeure; et l'Église donne une autorité fort grande à cette révélation privée, lorsque, dans l'office de la Sainte, elle la mentionne en ces termes : « Afin de manifester le mérite d'une épouse qui lui est si chère, Jésus-Christ a attesté qu'il réside au cœur de Gertrude, comme en une délicieuse demeure. » — L'oraison de la fête reproduit, et avec une autorité plus décisive, l'approbation de l'Église : « O Dieu, y est-il dit, ô Dieu, qui vous êtes préparé dans le cœur de Gertrude, un délicieux séjour, etc. »

Le cœur de sainte Gertrude est donc, aux yeux de l'Église, un temple, un sanctuaire, un tabernacle de Jésus-Christ, et, dès lors, la piété chrétienne ne s'égare point; elle est, au contraire, assurée de s'instruire et de s'édifier, en faisant de ce cœur l'objet d'une étude attentive.

Mais, dira-t-on, Jésus, le Père céleste, le Saint-Esprit, habitent et demeurent dans le cœur de tous les Saints : ils demeurent, Notre-Seigneur l'affirme, dans toutes les âmes, dans tous les cœurs où la charité est vivante : pourquoi donc l'Église nous signale-t-elle, au nom de Dieu, le cœur de Gertrude comme une demeure de Jésus-Christ?

Ce ne peut être, évidemment, qu'à raison d'un privilège singulier dont Jésus a daigné honorer le cœur de son épouse. Gertrude est, en effet, privilégiée entre les épouses de Jésus-Christ[1]. Il suffit, pour s'en convaincre, de lire les paroles suivantes, toutes sorties du Cœur de Jésus et adressées à Gertrude :

« Je t'ai choisie pour habiter en toi, et pour trouver en toi mes délices[2].

« En toi je veux amasser mes trésors, réunir les richesses de mes grâces; et si quelqu'un

---

1. *Sexaginta sunt reginæ... et adolescentularum non est numerus : una est columba mea, perfecta mea.* (Cant., VI, 7, 8.)

2. *Insinuat.*, lib. I, cap. XIV, XVIII, édit. Salisburgens. 1662.

désire et cherche ces biens, je veux qu'il puisse
les trouver en toi[1].

« Je fais pour toujours de ton cœur un canal
uni à mon Cœur. Par toi s'épancheront, dans
les âmes humbles et confiantes qui les deman-
deront à ton cœur, les flots de consolation divine
qui découlent du mien[2].

« Tout ce qu'une âme espérera obtenir par ton
entremise, très certainement elle l'obtiendra[3].

« Je veux me revêtir de toi : cachée sous ce voile
protecteur, ma main pourra saisir les pécheurs,
et leur faire du bien, sans être blessée par leurs
aiguillons. Je veux aussi te revêtir de moi, afin
de communiquer le même honneur et les faveurs
qui l'accompagnent à tous ceux que tu rappro-
cheras de moi, en les rappelant à ta mémoire[4].

« Je l'atteste par ma divine puissance, je ne
veux me complaire en aucune créature, sans
me complaire, en même temps, en toi. Mon
amour s'est uni à toi par des nœuds tellement
enlacés, que je ne veux pas vivre heureux sans
toi[5].

« Tu peux me donner des ordres en reine,

1. *Ibid.*, cap. xix.
2. *Ibid.*, lib. III, cap. lxvii.
3. *Ibid.*, lib. I, cap. xv, xvii.
4. *Insinuat.*, lib. III, cap. xviii.
5. *Ibid.*, lib. I, cap. vii; lib. III, cap. v, l.

en souveraine : je serai plus prompt à écouter tes commandements ou tes désirs, que ne le fut jamais un serviteur pour obéir à sa dame[1]. »

Telles sont, entre beaucoup d'autres semblables, les paroles que sainte Gertrude elle-même déclare avoir entendues de la bouche de Jésus-Christ. Les suivantes, adressées aussi par Notre-Seigneur à des âmes qu'une sainte amitié liait à Gertrude, ne surprendront pas maintenant le lecteur :

« C'est être assuré de me trouver que de me chercher au Sacrement de l'autel, ou dans l'âme ou dans le cœur de mon épouse bien-aimée Gertrude[2].

« Son âme m'est tellement chère, que j'en ai fait mon refuge. Là je me cache et me console des outrages que m'ont faits les hommes[3].

« Je suis tout à elle : l'amour m'a fait son captif, et il l'a unie à moi, comme le feu unit, en les fondant, le lingot d'argent au lingot d'or[4].

« Elle est un lys que j'aime à tenir à la main; elle est ma rose embaumée[5].

1. *Ibid.*, III, cap. XXXIII.
2. *Insinuat.*, lib. I, cap. IV.
3. *Ibid.*
4. *Ibid.*
5. *Ibid.*

« Le cœur de Gertrude est comme un pont très sûr pour arriver à moi, sans chute et sans vertige[1]. »

Enfin, une prière du Cœur de Jésus à son Père céleste résume et couronne toutes ces louanges :

« O Père saint, je veux, pour votre gloire éternelle, que le cœur de Gertrude épanche sur les hommes les trésors enfermés dans mon cœur humain[2]. »

On n'en saurait douter, après avoir entendu ces accents de l'amour d'un Dieu, le cœur de Gertrude est un cœur privilégié; Gertrude est une épouse plus aimée que beaucoup d'autres. Mais quel peut être le secret des prédilections de Jésus-Christ? — L'Église nous aide à le découvrir, quand elle dit que Notre-Seigneur, avant de résider au cœur de Gertrude, s'y est *préparé* une demeure à son gré; et Gertrude elle-même nous révèle pleinement le secret, en nous manifestant, dans tous leurs détails, les industries amoureuses de Jésus, qui firent du cœur de l'épouse un cœur digne de l'Époux.

1. *Ibid.*, lib. I, cap. xv.
2. *Insinuat.*, lib. III, cap. xxx.

Étudier, contempler dans les écrits de sainte Gertrude le travail commun de son âme et de l'amour de Jésus-Christ, tel est l'objet de ce livre. Plus que d'autres, cette traduction fera tort à l'original qu'elle essaiera de reproduire; mais, nous l'espérons, le livre sera encore intéressant et utile. Intéressant, car on y verra partout le cœur de sainte Gertrude, et le lecteur trouvera toujours aimable celle que Jésus a tant aimée. Le livre sera utile : les leçons que Jésus donnait à Gertrude conviennent à tous les chrétiens, et Jésus ne saurait manquer de se préparer une délicieuse demeure dans le cœur de celui qui les écoutera comme le fit Gertrude.

C'est d'ailleurs pour nous que sainte Gertrude a écrit ou dicté les leçons de Jésus, et elle ne l'a fait que pour obéir à Jésus :

« Je ne pouvais, dit-elle, me résoudre à céder, en ce point, au désir du Seigneur; mais il me dit un jour : Tu ne sortiras pas de ce monde, que tu n'aies achevé d'écrire... Je l'exige : je veux que tes écrits soient, pour les derniers temps, un gage de ma divine bonté : par eux, je ferai du bien à un grand nombre... tandis que tu écriras, je tiendrai ton cœur près du mien, et

j'y instillerai goutte à goutte ce que tu devras
dire... »

Quand le livre fut achevé, Jésus se montra
à sainte Gertrude et lui dit : Ce livre est mien,
et je l'ai imprimé au fond de mon Cœur : là,
chacune de ses lettres s'est imbibée de la douceur de ma divinité, et quiconque, à ma gloire,
le lira avec une humble dévotion, en retirera
du fruit pour le salut éternel de son âme.

« Pour le salut de tous, je change, à la Messe,
le pain et le vin en mon Corps et en mon Sang :
ainsi, en quelque manière, j'ai consacré ce livre
par ma bénédiction, afin qu'il procure le salut
à ceux qui voudront le lire avec humilité et dévotion.

« Il n'est pas dans ce livre une lettre qui ne
me charme : de chacune d'elles s'exhale pour
moi l'ineffable suavité du parfum de ma miséricorde... Ce livre est mien, je le bénis; je le
décore des roses de mes cinq plaies, je le scelle
des sept dons du Saint-Esprit, comme d'autant
de cachets qui établissent ma propriété, et nul
ne pourra le dérober de mes mains[1]. »

1. Lib. II, cap. x; lib. V, cap. xxxv. *Vide alia*,
cap. xxxvi et xxxvii.

Notre-Seigneur a donné au livre de sainte Gertrude des titres à la fois mystérieux et révélateurs; il l'appelle : Les insinuations de la Bonté divine, *Insinuationes divinæ pietatis;* — le Mémorial de la Bonté divine, *Memoriale divinæ pietatis;* — le Messager de la Bonté divine, *Legatus divinæ pietatis.* On verra que cette Bonté divine, qui se révèle partout dans le livre de sainte Gertrude, c'est le Cœur de Jésus; de sorte que ce livre est vraiment un *Messager du Cœur de Jésus,* envoyé aux âmes pour réveiller en elles la *mémoire* de son amour, et *insinuer* en elles ses divines influences.

Sous le titre commun de *Insinuationes divinæ pietatis,* on a publié un tome en cinq livres dont un seul, le second, fut écrit de la main de sainte Gertrude.

Les trois derniers livres ont été dictés par sainte Gertrude, ou écrits sous sa direction ou par ses ordres. La preuve irrécusable en est fournie au chapitre xxxv du cinquième livre, qui commence par ces mots : « Quand ce livre fut ainsi terminé, Jésus lui apparut... » — Puis, viennent les promesses divines que nous avons rapportées plus haut.

La secrétaire de la sainte a raconté les der-

niers moments et la mort de l'épouse de Jésus-
Christ.

La matière du présent volume est puisée
principalement dans le premier, le second et
le troisième livre des *Insinuations*.

Le premier livre contient une notice biogra-
phique sur sainte Gertrude et le tableau abrégé
de ses vertus. L'auteur de ce livre fut, pendant
plusieurs années, confident intime de la sainte[1].

Dans le second livre, sainte Gertrude elle-
même, et dans le troisième livre une dépositaire des secrets de son âme exposent les faveurs
que Jésus accorda à la Sainte, les enseignements qu'il lui donna pour préparer son cœur
à la grâce de l'union parfaite.

Nous avons emprunté au cinquième livre
le récit de l'heureuse fin de sainte Gertrude.

1. « *Ad (Dei) laudem, ea quæ multis annis secreta qua-
dam familiaritate ab hac sancta Virgine percipere potui,
revelabo.* (Lib. I, cap. vi.) — Ce confident est peut-être
le pieux et savant Théodoric de Alpudia. Lansperg dit
de lui, dans sa préface des *Insinuations* : « *Qui cum sancta*
« *hac Virgine varia sæpenumero habebat colloquia, ejusque*
« *spiritum ac verba magnopere prædicabat. Quo etiam*
« *auctore liber natus est.* »

2 c

Tout est miel exquis dans le livre de Gertrude. Nous nous sommes donc souvenu du conseil de l'Esprit-Saint : « Si tu trouves du miel, mange ce qui te suffit. Il n'est pas bon de manger beaucoup de miel. »

Il eût été facile de réunir d'illustres témoignages en faveur des écrits d'une Sainte que Thérèse de Jésus et François de Sales ont honorée et aimée comme leur mère spirituelle; mais le culte dont ils sont l'objet dans l'Église rend ce soin moins utile; l'Église elle-même proclame que Gertrude a été favorisée d'admirables révélations divines et que ses nombreux écrits sont l'aliment de la piété chrétienne[1].

1. Office de la sainte, leçon VI. — Le saint abbé de Liesse, Louis de Blois (1530), parcourait, douze fois l'an, tous les écrits de sainte Gertrude, et il en conseillait la lecture à tous ceux dont il avait à cœur l'avancement dans la vertu. Un ami de Louis de Blois, de qui nous tenons ce fait, ajoute l'observation suivante : « Les écrits du vénérable abbé sont pleins de l'esprit de sainte Gertrude; il n'est presque pas une page de ces précieux ouvrages où l'on ne rencontre des paroles, des sentences, évidemment puisées à la source qui lui était si chère. »

L'abbé Olier, vénérable fondateur de la Société de Saint-Sulpice, recommandait beaucoup la lecture des œuvres de sainte Gertrude; — « Je suis consolé, écrivait-il à une pieuse dame, de voir que vous continuez la lecture de sainte Gertrude... » A cause de sa simplicité et de sa profonde humilité, Gertrude a porté Notre-Seigneur à la traiter d'une manière singulière, sous laquelle il l'a

Nous n'essaierons pas non plus de démontrer que rien, dans les merveilleuses communications qu'il plut à Jésus-Christ d'établir entre son Cœur et le cœur de Gertrude, ne doit répugner à la pieuse croyance du lecteur. Ce livre s'adresse à des âmes pour qui le jugement de l'Église a plus de valeur que toutes les dissertations : or, l'Église reconnaît qu'il plut à Jésus d'aimer ainsi son épouse Gertrude. Au reste, les vies de tous les Saints renferment des faits non moins merveilleux, et des esprits irréfléchis peuvent seuls s'étonner que le Dieu fait homme par amour pour l'homme se plaise à converser familièrement dès la vie présente, avec ceux dont il est devenu le Frère, et qui sont appelés à converser familièrement avec lui durant une vie éternelle.

plement enrichie... Ce n'est pas l'extérieur des voies de Jésus-Christ sur elle qui l'a sanctifiée; c'est le fond de son amour. Il a traité sainte Thérèse autrement que cette Sainte... Honorez beaucoup, dans la foi, l'esprit d'enfance qui régnait en cette grande Sainte et qui a obligé Notre-Seigneur à traiter avec elle avec tant de familiarité et de simplicité. « C'était une colombe toute enfantine que cette âme... » (*Lettres spirit.*, pp. 375-376; édition de 1672.)

LE CŒUR

DE

SAINTE GERTRUDE

OU UN CŒUR

SELON LE CŒUR DE JÉSUS

CHAPITRE PREMIER

Premières années de Gertrude.

L'Ordre illustre de saint Benoît s'honore d'avoir donné à l'Eglise trois saintes vierges du nom de Gertrude.

La première eut pour père le duc de Brabant, Pépin de Landen, et pour mère, une vertueuse dame du nom de Iduberge. Devenue veuve, Iduberge fonda le monastère de Nivelle et y consacra sa fille Gertrude, qui mourut en 664, à peine âgée de trente-trois ans.

Une autre Gertrude, fille de Pépin le Bref et de Berbertha ou Bertrade, mourut en odeur de sainteté, et fut vénérée, après sa mort, au monastère de Neustadt, que Charlemagne, son

frère, avait fondé. Cette bienheureuse mort
arriva l'an 794.

Mais la plus célèbre des trois vierges béné-
dictines du nom de Gertrude, est celle dont
l'Église romaine honore la mémoire le 15 novembre : c'est d'elle qu'il est question dans ce
livre.

Plusieurs siècles la séparent des deux autres.
Ceux qui l'ont nié n'avaient pas lu attentive-
ment ses écrits. Ils attestent, en effet, que Gertrude célébrait dévotement les fêtes de saint
Bernard, de saint Dominique, de saint François, et qu'elle fut contemporaine, amie, peut-
être même sœur de sainte Mechtilde.

Gertrude naquit à Eisleben, dans le comté
de Mansfeld (Haute-Saxe), le jour même de
l'Épiphanie de l'an 1222. Ses parents étaient
nobles et riches.

« Chez cette enfant bénie, dit un vieil historien, les fruits semblèrent prévenir les fleurs;
ses premiers pas foulèrent la vanité du monde,
et le premier salut qu'elle lui adressa fut un
éternel adieu. » — A peine, en effet, âgée de
cinq ans, Gertrude obtint de ses parents la
grâce de se retirer au monastère de Rioders-
dorf, dans le diocèse d'Halberstadt.

L'innocence n'était pas la seule vertu de
Gertrude enfant. On admirait en elle une maturité
de sens, une retenue, une piété que son âge

n'eût pas laissé espérer, et l'amabilité de son caractère lui gagnait tous les cœurs.

A ces qualités s'ajoutait une rare pénétration d'esprit, et telle fut son ardeur pour l'étude, qu'elle dépassa de beaucoup ses compagnes. Bientôt la langue latine lui devint familière, et elle se passionna pour la culture des Lettres. Du reste, la pureté de son cœur lui permettait de contempler dans le meilleur jour et le vrai et le faux : la sérénité de l'âme favorisait merveilleusement en elle la clairvoyance de l'esprit.

Ainsi Gertrude grandissait, préservée de toutes les atteintes du mal, grâce à la vigilance continue de Celui dont l'amour l'accompagnait partout. — C'est donc Lui que nous devons remercier, au nom de Gertrude, observe ici le confident de la Sainte. Béni soit-il dans les siècles[1]!

1. *Synopsis vitæ S. Gertrudis, auctore Laurent. Clement. Benedictin. — Insinuat.*, lib. 1, cap. 1.

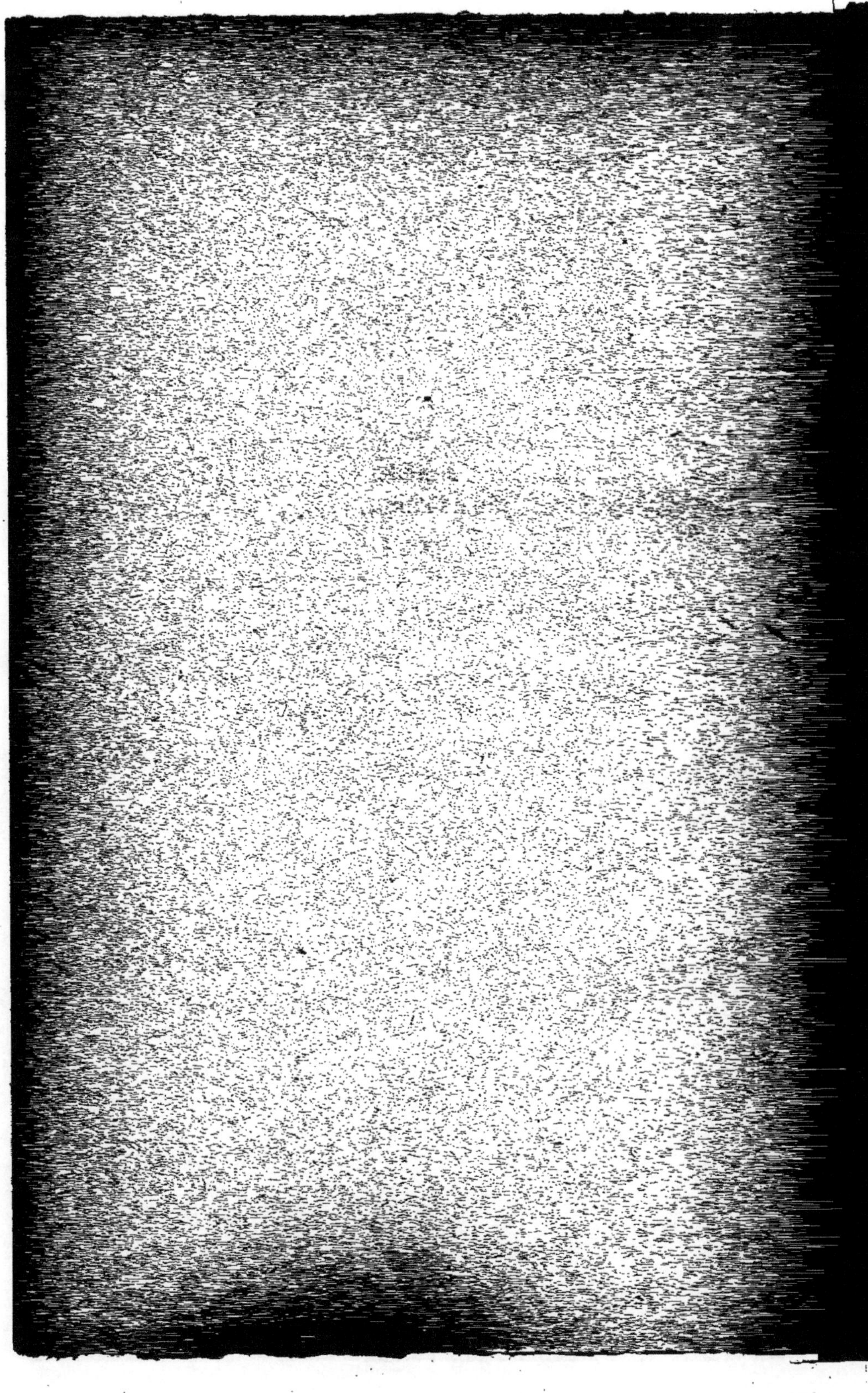

CHAPITRE II

La conversion de Gertrude.

Gertrude avait atteint sa vingt-cinquième
année ; ses vertus religieuses, toutes les belles
qualités réunies de l'esprit et du cœur faisaient
d'elle l'ornement et le trésor du monastère de
Heldelfs : or, elle vit tout à coup, à la lumière
de Dieu, ce que nul ne voyait, ce qu'elle n'avait
pas soupçonné elle-même : son âme lui apparut
stérile, désordonnée, coupable, criminelle : Dieu
l'invitait à se convertir.

I

Écoutons Gertrude raconter ce grand événe-
ment de sa vie :

« Que mon âme vous bénisse, ô Dieu mon
créateur : que tout en moi chante vos miséricordes! Avec quelle charité patiente n'avez-
vous pas comme fermé les yeux sur ces années
de mon enfance, de mon adolescence, de ma

jeunesse, que j'ai dépensées si follement. Vraiment, n'ai-je pas vécu comme si, païenne au milieu d'un peuple païen, j'eusse ignoré que vous êtes mon Dieu, et que vous récompensez les bons et punissez les méchants? Telle était ma démence jusqu'à la fin de ma vingt-cinquième année, que je me serais peut-être permis, sans remords, toute pensée, toute parole, toute action inconsidérée ou coupable, si votre miséricorde ne m'eût préservée de ces malheurs, soit en nourrissant dans mon cœur une horreur naturelle du mal et un goût naturel du bien, que vous y avez mis de bonne heure, soit en excitant le zèle de ceux qui veillaient sur moi et devaient me reprendre.

« Et pourtant, que n'aviez-vous pas fait pour moi? Dès ma cinquième année, vous m'aviez introduite, au milieu de vos amis les plus dévoués, dans le sanctuaire de la vie religieuse : ne devais-je pas employer tous mes instants à vous bénir? Hélas! ma vie si négligente, ma vie si coupable, eût, s'il était possible, diminué votre divine béatitude et obscurci votre gloire, que je devais m'efforcer d'accroître à chaque instant. Mon cœur, par votre grâce, déplore ces égarements, et vous seul connaissez l'amertume de mes regrets. »

Mais quels furent, se demandera-t-on, les égarements de Gertrude? — La vérité l'oblige reconnaître qu'ils n'eurent rien de semblable aux égarements des pécheurs. On l'entendra bientôt s'accuser de légèreté juvénile, de vanité puérile, de goût désordonné pour l'étude, les lettres, les sciences. Ce furent les égarements de Gertrude[1].

« Ensevelie dans un abîme d'humiliation, Père des miséricordes, j'adore, je loue votre immense bonté : c'est elle qui, du temps où je menais cette vie de perdition, méditait à mon sujet, non des desseins de vengeance, mais des desseins d'amour, et se proposait d'exalter ma bassesse par la multitude et la grandeur de ses bienfaits, comme si je me fusse distinguée entre les hommes par une vie tout angélique.

« Nous étions au temps de l'Avent : à l'Épiphanie suivante, je devais accomplir ma vingt-cinquième année. Vous répandîtes dans mon

[1] Tous les Saints, même les plus innocents, se sont considérés comme de très grands pécheurs. Ce sentiment s'expliquerait de plusieurs manières : nous nous contenterons d'emprunter les lignes suivantes à la vie de saint François d'Assise (Wading., annal.) : « Un compagnon de saint François lui disait : O Père, tout le monde court après vous et vous vénère comme un saint : que pensez-vous donc de vous-même? — Je vois, répondit François, que je suis le plus vil des pécheurs. — Comment pouvez-vous le penser? reprit le compagnon du Saint; n'êtes-vous pas, en effet, un larron, un homicide, un adultère! — Si ces pécheurs dont vous parlez, répondit François, recevaient les grâces que j'ai reçues, ils en useraient mieux, ils serviraient Dieu avec plus de zèle que moi et feraient bien plus de choses pour sa gloire

cœur je ne sais quel trouble, dont l'impression salutaire commença à me dégoûter des légèretés de la jeunesse ; ce fut la première industrie de votre amour, pour vous préparer mon cœur. Vous renversiez, peu à peu, la forteresse de vanité et de curiosité que j'avais élevée dans mon orgueil, bien que je portasse, mais sans fruit, le nom et l'habit de religieuse.

II

« Ce trouble dura jusqu'au lundi, 27 janvier suivant. En cet heureux jour, les ténèbres de mon âme furent dissipées; ce jour mit fin à ma vanité puérile.

« La fête de la Purification de votre très chaste Mère approchait; c'était le soir, après Complies, à l'heure favorable du crépuscule ; j'étais au milieu du dortoir commun, quand une des Sœurs anciennes vint à passer. Je m'inclinai vers elle en signe de respect, selon la règle de notre Ordre. A peine j'avais relevé la tête que je vous vis, ô mon très doux Ami, ô mon Rédempteur, ô le plus beau des enfants des hommes.

« Vous m'apparaissiez avec l'extérieur d'un aimable et modeste adolescent de seize ans environ : ainsi vous ne dédaigniez pas de vous accommoder à mon infirmité, en revêtant une forme que vous saviez devoir plaire à mes yeux.

« Or, debout devant moi, vous me dîtes avec un accent plein de douceur et de grâce : « Ton salut viendra bientôt : pourquoi t'attrister à ce point? N'as-tu pas un conseiller, un ami, qui puisse apaiser ces douleurs toujours renaissantes? »

« Telles furent vos paroles, et tout à coup, sachant bien cependant que j'étais au milieu du dortoir, je me vis au chœur, dans l'angle où j'avais coutume de faire mes tièdes oraisons. Là, vous me disiez ces autres paroles : « Je te sauverai et je te délivrerai : ne crains rien. » — En même temps, je vous vis prendre ma main droite dans votre noble main, comme pour me garantir la vérité de vos paroles, et vous ajoutâtes : « Avec mes ennemis, tu as léché la terre, sucé le miel adhérent aux épines : reviens enfin à moi, et je te ferai bon accueil, et je t'enivrerai du torrent de mes joies divines. »

« En entendant ces mots, je voulus, comme hors de moi par l'excès du bonheur, m'approcher de vous; mais j'aperçus à l'instant, entre vous et moi, une haie tellement longue que ni au-devant de moi, ni derrière moi, je n'en pus voir la fin. J'eusse voulu la franchir; mais des épines si pressées en hérissaient la surface, que nulle part je

ne discernais un intervalle qui me laissât venir
à vous, l'unique joie de mon âme.

« Or, tandis que, brûlée du désir de vous
atteindre, je détestais et pleurais les défauts et
les péchés dont ces épines m'offraient l'image,
vous, Père des pauvres, saisîtes ma main, et
aussitôt, sans effort, je me trouvai près de vous.

« Mes yeux s'arrêtèrent sur votre main, et
j'y reconnus, doux Jésus, la trace de ces plaies
qui ont payé toutes nos dettes.

« En ce moment mon âme fut éclairée, mon
cœur attendri : votre grâce puissante étouffa
la passion désordonnée que j'avais pour les
lettres ; elle me détacha de toutes mes vanités :
ce qui m'avait tant charmée me parut méprisable. Je commençai à ne goûter que vous,
ô mon Dieu : je ne connaissais pas l'intérieur de
mon âme; vous m'y introduisîtes; là dans mon
cœur, à dater de cette heure, vous avez traité
avec moi, comme fait un ami qui habite sous
le même toit avec son ami, un époux avec son
épouse.

« Je vous loue, je vous bénis, je vous rends
grâces, non comme je le devrais, mais comme
je le puis, d'avoir commencé avec tant d'amabilité et de douceur l'ouvrage de ma conversion. Bénie soit votre sagesse miséricordieuse
qui a su, d'une manière si caressante, courber
sous son joug ma tête dure et rebelle, et me

faire trouver léger un fardeau que j'avais cru insupportable.[1] »

1. Lib. I, cap. ii; lib. I, cap. i; *ibid.*, cap. xxiii. — Le Père bénédictin Laurent Clément fixe, avec probabilité, à l'an 1222, la date de la naissance de sainte Gertrude; sa conversion eut donc lieu le 27 janvier 1247. — Nous partirons de ces dates pour mieux déterminer les époques de la vie de notre Sainte. Elle-même fournit toutes les indications moins celles de l'année.

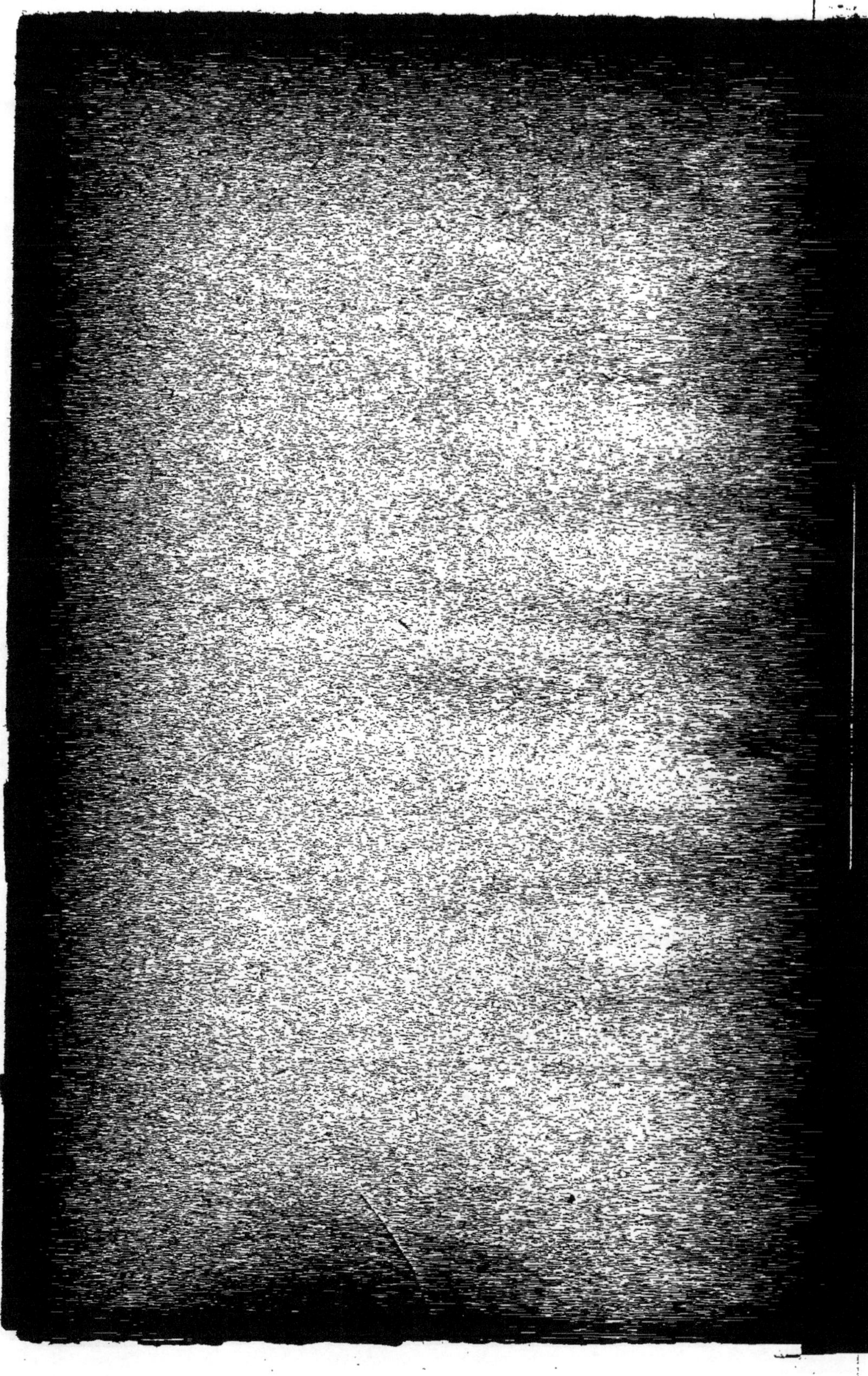

CHAPITRE III

La sanctification de Gertrude.

Gertrude était convertie : les orateurs, les poètes de Rome païenne ne séduisirent plus son oreille et n'occupèrent plus ses loisirs. Elle consacra à l'étude des Pères de l'Église, à la méditation de l'Écriture sainte, toutes les heures qu'elle ne donnait pas à la prière ou au travail de la communauté religieuse. Bientôt la théologie mystique n'eut pas de secrets pour elle; Dieu lui apprit à pénétrer le sens le plus caché des livres inspirés, et elle put instruire les docteurs eux-mêmes, qui recouraient à ses lumières. Gertrude se considérait, du reste, comme une dépositaire des trésors divins, obligée de les dispenser à tous ceux qui vivaient près d'elle, et non contente de communiquer à chacun les lumières qui lui venaient du ciel, aux heures de l'étude ou de la prière, elle en gardait le souvenir dans des livres écrits de sa main.

En même temps, Jésus poursuivait le travail sanctificateur qui devait lui préparer un séjour délicieux dans le cœur de Gertrude. Avec elle

Jésus travaillait tous les jours; mais il y eut des journées solennelles dont Gertrude garda le souvenir : ce furent d'abord la veille de l'Annonciation de Notre-Dame, 24 mars 1247, et un autre jour dans l'intervalle de Pâques à l'Ascension de la même année.

I

« Entre toutes les grâces que je reçus de vous, ô Lumière de mon âme, à l'heure de votre première apparition, il en est une d'un plus grand prix que les autres : jusque-là, je n'avais eu aucun souci de considérer l'intérieur de mon cœur, mais dès lors j'y arrêtai mes regards, et votre lumière m'y fit discerner bien des choses, que votre sainteté ne pouvait tolérer; mon intérieur m'apparut même, à cause du désordre qui y blesse partout le regard, tout à fait indigne de vous servir de demeure. Et pourtant, ma laideur ne vous rebuta pas, mon Jésus très aimant, et dans les communions fréquentes des jours qui suivirent je vous voyais sensiblement présent, bien que dans une sorte de demi-jour, comme est la lueur de l'aurore.

« Vous vouliez, par cette aimable condescendance, m'encourager à poursuivre le travail qui devait me disposer à jouir pleinement de votre présence et de votre amour.

« Je m'étais à peine mise à l'œuvre quand, la veille de l'Annonciation de Notre-Dame, un dimanche, après les Matines, vous daignâtes me visiter et me combler des bénédictions de votre douceur, moi si indigne de telles faveurs.

« Comment dirai-je les grâces de votre visite ? Je ne trouve aucune parole qui les puisse exprimer ; je vous immolerai donc, dans le secret du cœur, une hostie de louanges, vous conjurant de faire expérimenter souvent à vos élus et à moi-même, la douceur d'une union et d'une joie que j'avais ignorées jusqu'à cette heure. Tout, dans ma vie passée, montre clairement que ce fut un don gratuit de votre amour.

« Ainsi vous travaillez, avec une merveilleuse suavité, à détacher mon cœur de tout, pour l'attirer à vous.

II

« Un autre jour, c'était entre la Résurrection et l'Ascension du Seigneur, assise dans le jardin, près d'un bassin, je m'arrêtai à considérer les agréments de ce lieu. J'étais charmée de la transparence des eaux, de la fraîcheur des ombrages ; j'aimais plus encore le vol joyeux des nombreux oiseaux et particulièrement des colombes, qui allaient et venaient autour de moi, et je préférais à tout le reste le mystère, la paix de ma retraite.

« Vous dites alors à mon âme, ô Jésus, auteur de toutes les vraies joies : « Si, par la reconnaissance, tu faisais remonter jusqu'à moi les eaux de mes grâces; si, grandissant dans la vertu, tu te parais de bonnes œuvres comme d'une riche verdure; si, libre de tout lien terrestre, tu prenais, comme une colombe, ton essor vers les régions célestes, pour y demeurer avec moi, loin des bruits du monde, tu me préparerais, tu me donnerais dans ton cœur un séjour plus délicieux que ne saurait l'être le plus charmant jardin. »

« Tout le jour, mon esprit demeura occupé de ces paroles. La nuit venue, je m'étais agenouillée pour faire les dernières prières avant le sommeil, quand je me souvins, tout à coup, de la sentence évangélique : « Si quelqu'un m'aime et qu'il observe ma parole, mon Père l'aimera, et nous viendrons à lui et nous fixerons chez lui notre demeure. » Or, en même temps, mon cœur de terre, mon cœur de boue sentit que vous arriviez en lui, que vous étiez en lui, ô mon Dieu, mon unique bien-aimé.

« Qui me donnera que de mes yeux s'échappe un océan de larmes sanglantes, pour laver cette sentine de ma bassesse, que vous avez choisie pour y habiter, ô dignité souveraine! Qui me donnera d'arracher, pour une heure, ce cœur de ma poitrine, pour le jeter, mis en pièces, dans des braises vives, afin que, purifié des taches qui le déshonorent, il devienne, non pas digne, mais moins indigne de vous servir de demeure! »

Nous avons vu Jésus attirer à lui Gertrude, faire alliance avec elle, s'établir enfin dans son cœur. Il doit maintenant assimiler pleinement ce cœur à son divin Cœur et consommer l'union, dont saint Paul exprime la perfection quand il dit : « Je ne vis plus, c'est Jésus qui vit en moi. »

Des faveurs nouvelles, dont la Sainte nous a tracé le tableau, manifestent par leurs vives couleurs ces opérations surnaturelles de la grâce. Gertrude en compte six principales : ce furent, d'abord, l'impression des plaies de Jésus dans son cœur : elle eut lieu durant l'hiver de l'an 1249; la transverbération de son cœur, le troisième dimanche de l'Avent 1254; — la venue transformante et déifiante de l'Enfant Jésus dans son cœur, à la fête de Noël de la même année.

III

« La première, ou peut-être la seconde année qui suivit ma conversion, pendant l'hiver, je trouvai dans un livre la petite prière suivante :

« Seigneur Jésus-Christ, Fils du Dieu vivant, donnez-moi d'aspirer à vous posséder : allumez-en

dans mon cœur, le désir ardent, la soif ardente,
donnez-moi de respirer en vous, très doux, très
suave Jésus, et de diriger vers vous, bonheur
suprême, tous les mouvements, tous les souffles
haletants de mon cœur.

« Gravez avec votre précieux Sang, très miséricordieux Seigneur, gravez vos plaies dans mon
cœur, afin que j'y puisse lire et vos douleurs et
votre amour; que le souvenir de vos blessures
me demeure présent dans le secret du cœur, pour
m'exciter à compatir à vos souffrances et activer
en moi le feu de votre amour. Faites encore que
toute créature me devienne insipide et que vous
seul, Jésus, soyez doux à mon cœur. »

« Cette prière me plut et je la récitais souvent. Or, peu de temps après, durant le même
hiver, j'étais assise au réfectoire auprès d'une
Sœur, à laquelle j'avais confié le secret de plusieurs faveurs divines, et j'avais présente à
l'esprit la petite prière, quand je sentis que Notre-
Seigneur allait m'exaucer, malgré mon indignité,
et je compris, en effet, ô mon Dieu, que vous
imprimiez distinctement dans mon cœur les
stigmates de vos cinq plaies adorables; et, malgré
mes immenses démérites, votre bonté infinie
conserve encore, à cette heure, dans mon cœur,
l'impression de vos blessures.

« Plus tard, la septième année après ma conversion, aux approches de l'Avent, une personne
cédant à mes importunités, adressait, tous les
jours à Dieu, devant un crucifix, cette courte
invocation :

« O Seigneur très aimant, je vous en prie
par votre Cœur ouvert, transpercez le cœur de
Gertrude des flèches de votre amour, afin que,
ne pouvant plus rien contenir de terrestre, il
soit tout enveloppé et pénétré de votre action
divine. »

« Or, peu de temps après, le troisième dimanche
de l'Avent, pendant la messe et au moment
de la communion, comme j'avançais vers l'autel,
vous allumâtes vous-même, ô mon Dieu, un tel
désir en moi, que je fus contrainte de m'écrier
au fond de mon âme : Seigneur, je le confesse,
je n'ai rien fait qui puisse me rendre digne de
la moindre parcelle de vos dons, et néanmoins,
j'ose le demander avec ardeur à votre bonté,
ayez égard aux mérites des âmes ici présentes,
et daignez transpercer mon âme d'une flèche de
votre amour.

« Je compris aussitôt que ma prière était
exaucée. Retournée à ma place, après avoir
reçu le Sacrement de vie, et arrêtant mes yeux,
sur l'image du crucifix, peinte dans mon sanctuaire, je vis s'échapper de la blessure du Côté
un rayon brillant, acéré comme une flèche.

« Cette vue me remplit de joie; mais le désir de mon âme ne fut pleinement satisfait que le mercredi suivant.

« La messe allait s'achever, le prêtre disait les paroles qui rappellent votre adorable Incarnation; j'y étais peu attentive, et ce fut alors pourtant qu'à l'improviste votre flèche blessa mon cœur, tandis que vous disiez : « Je veux qu'il vienne à moi, le flot de tes affections. »

« Vous ne l'ignorez pas, ô Dieu qui savez mes secrets, vos grâces ont toujours été, dans mon cœur, comme des diamants royaux perdus dans un vase immonde. Inspirez donc à celui qui lira cet écrit un sentiment de tendre compassion pour vous; qu'il admire comment, pour le salut des âmes, vous avez consenti à laisser, jusqu'à cette heure, vos perles précieuses dans un tel égout et que, suppléant à mon insuffisance, il vous dise du cœur et des lèvres :

« O Père, ô Dieu de qui tout bien procède, vous méritez toute louange : à vous honneur, bénédiction et gloire! »

« C'était l'anniversaire de cette heureuse et très sainte nuit, durant laquelle le ciel distilla sur l'univers la rosée de la divinité : je me trouvais avec mes sœurs, excitant mon âme à rendre des offices de servante à la glorieuse Mère de l'Enfant Homme-Dieu, quand je compris qu'un

tendre enfant, tout nouvellement né, était déposé
dans mon cœur. Au même instant, je vis mon
âme entièrement transformée : elle eut la couleur
de l'enfant, s'il m'est permis d'appeler du nom de
couleur ce qui ne peut être comparé à rien de
visible, et j'eus une intelligence ineffable de ces
paroles ravissantes : « Dieu sera tout en nous. »

« Or, à ce moment, Jésus me disait : « Comme
je suis, dans ma divinité, la figure de la subs-
tance de mon Père, ainsi tu seras l'image vivante
de mon humanité, et comme le soleil communique à l'air sa propre clarté, ainsi je déifierai
ton âme, en la pénétrant des rayons de ma divinité. »

« O puissance, ô miséricorde de Dieu, puissance, miséricorde vraiment infinies ! comment
en un vase d'argile, en un vase que son propre
choix destinait à l'ignominie, avez-vous renfermé
l'inappréciable liqueur de vos grâces ? »

IV

Nous l'avons déjà fait observer, et sainte
Gertrude le remarque elle-même, ces faveurs
merveilleuses, et d'autres dont la Sainte fut
honorée, comme, par exemple, l'échange de
cœur entre elle et Jésus, ces faveurs recèlent
des opérations plus intimes, que l'œil ne peut

voir : la Sainte les désigne, dans son langage mystique, par les mots d'attraction, d'union, d'inhabitation et de consommation. Or, rien n'empêche de considérer l'image de cette consommation dans la scène qu'on vient de lire. Le terme de la sainteté est bien d'être transformé pleinement en Jésus, et de participer ainsi, dans une mesure incompréhensible, à la plénitude de sa filiation divine. De plus, Jésus nous donne clairement à entendre, dans l'Évangile, que l'humilité, la douceur, la simplicité de l'enfance est l'humilité, la douceur, la simplicité de son Cœur : le terme de la sainteté est ainsi posé par Jésus-Christ, quand il dit : « Celui-là sera le plus grand dans le ciel, qui ressemblera le plus à cet enfant. » Jésus consommait donc son travail sanctificateur dans le cœur de Gertrude, quand, sous les formes de l'Enfant-Dieu, il la transformait à l'image de son humanité et l'inondait des rayons de sa nature divine.

Observons enfin que ces grâces ne furent pas le travail de la sainteté, mais bien les récompenses successives des travaux accomplis et l'excitation à des labeurs nouveaux. Les faveurs divines couronnaient des vertus acquises et invitaient l'âme de Gertrude à la conquête des vertus nouvelles. La transformation qui fit du cœur de Gertrude le Cœur de Jésus, s'opéra lente ment : elle n'était pas encore accomplie, lorsque, neuf ans après sa conversion, Gertrude écrivait : « J'ai vu mon cœur transformé »; et de longues années plus tard, elle poursuivait avec Jésus ce grand ouvrage. Elle travaillait à faire de son cœur un cœur humble, un cœur doux, un cœur pur, un cœur abandonné au bon plaisir de Dieu et dévoré de zèle pour le salut des âmes, en un mot, un cœur modelé sur le Cœur de Jésus.

Gertrude nous fera assister elle-même aux labeurs qui préparèrent et consommèrent enfin sa transformation; mais elle nous dira d'abord quelle grande part la Très Sainte Vierge Marie eut à ce grand et bel ouvrage.

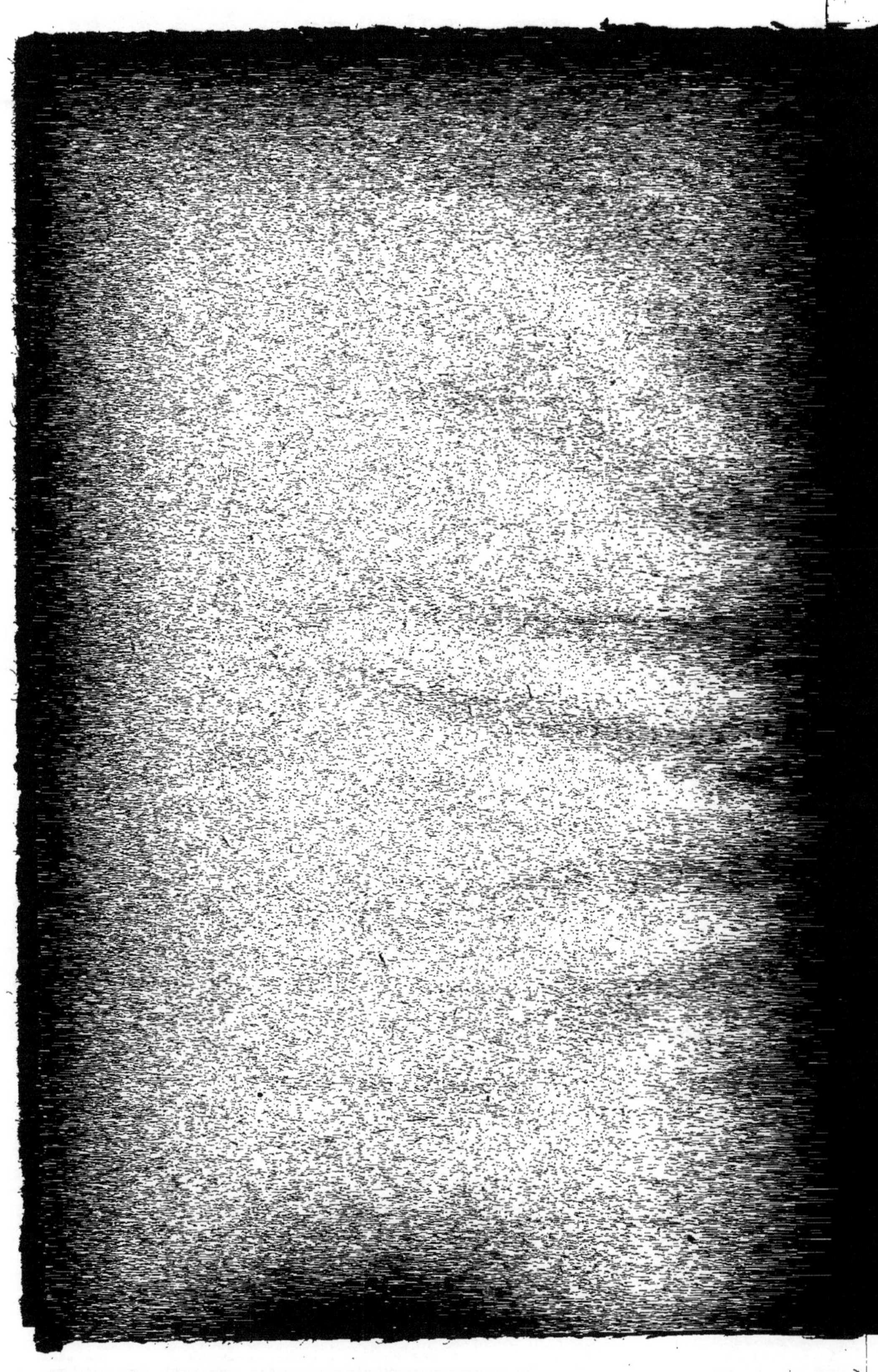

CHAPITRE IV

La part de la Très Sainte Vierge dans la sanctification de Gertrude.

Aucun saint n'a, peut-être, mieux compris que Gertrude la nécessité et la puissance de l'intercession de Marie dans l'œuvre de la sanctification des âmes. Notre-Seigneur se plut, en effet, à lui manifester la dignité incomparable à laquelle la Trinité Sainte a exalté Notre-Dame, le concours essentiel et décisif qu'elle prête à l'exécution de tous les plans divins.

I

Un jour, comme on chantait, à matines, *Ave Maria*, Gertrude vit jaillir du Cœur du Père, du Fils et du Saint-Esprit, trois jets qui pénétrèrent au Cœur de la Bienheureuse Vierge, pour de là remonter à leur source, et il fut dit à la Sainte : « Après la puissance du Père, la sagesse du Fils, la tendresse miséricordieuse du Saint-Esprit, rien n'approche de la puissance, de la sagesse, de la tendresse miséricordieuse de Marie. » Gertrude apprit, dans la même occasion, que cet épanchement du Cœur de la Trinité Sainte au Cœur de Notre-Dame se reproduit, chaque fois qu'une âme, sur la terre, récite dévotement l'*Ave Maria*, et qu'il se répand alors, par le ministère de la Très Sainte Vierge, comme une rosée de joie nouvelle sur les anges et les saints. En même temps, dans chacune des âmes qui disent la Salutation angélique, s'accroissent, dans une grande mesure, les trésors spirituels dont l'Incarnation du Fils de Dieu les avait déjà enrichies.

C'est, en effet, pour l'amour de Marie, que Dieu a eu pitié de l'humanité et lui a communiqué ses richesses divines. Pour avoir part à ces trésors, l'homme doit d'abord saluer Marie. Gertrude entendait Jésus dire, un jour, à sa divine Mère : « Souvenez-vous, ô Reine, ma Mère très aimante, que, si j'ai eu pitié des pécheurs, c'est à cause de vous... » Et Marie disait à Gertrude : « En faveur de ceux qui me rappelleront la joie de mon âme, au jour de l'Incarnation, je réaliserai ce que me demande l'Église, quand elle chante : *Monstra te esse matrem* : Je me montrerai pour eux mère du Roi de gloire et mère de l'homme suppliant : mère du premier en déployant la puissance que j'ai de secourir les hommes; mère du second, en dilatant pour lui les entrailles de ma miséricorde. »

Gertrude n'avait pas toujours compris cette double maternité de Notre-Dame. — Comme on chantait, le jour de Noël, ces mots : *Primogenitus Mariæ Virginis*, le premier-né de la Vierge Marie, Gertrude se disait à elle-même : « Le titre de Fils unique semblerait mieux convenir à Jésus, que le titre de premier-né. » Or, en ce moment, Notre-Dame lui apparut : « Non, dit-elle à Gertrude, ce n'est point *Fils unique*, c'est *Fils premier-né* qui convient mieux, car après Jésus, mon très doux fils, ou plus véritablement en Lui et par Lui, je vous ai tous engendrés dans les entrailles de ma charité, et vous êtes devenus mes fils, les frères de Jésus. »

II

Marie daigna encore faire entendre à Gertrude quel souverain empire elle exerce sur le Cœur de Jésus, en vertu de sa maternité divine, et comment sa tendresse maternelle sait reconnaître des frères de Jésus, ses fils, chez ceux même que le péché a le plus défigurés.

Elle voyait, un jour, des légions innombrables

LA SAINTE VIERGE SANCTIFIE GERTRUDE   47

d'anges entourer de leur protection invincible
des âmes qu'ils groupèrent autour de Marie :
c'étaient les dévots serviteurs de la mère de
Dieu. Puis, sous son vaste manteau royal, dont
Marie épandait les bords, couraient se réfugier
des multitudes d'animaux de toute espèce, et
quand ils y furent réunis, la glorieuse Reine du
ciel les caressait de la main, l'un après l'autre :
c'étaient les pécheurs, encore déshonorés par
leurs péchés; et la Très Sainte Vierge voulait
montrer à Gertrude comment elle les accueille
et les protège, quand ils ont recours à sa miséricorde, en attendant qu'elle les ait amenés au
repentir et réconciliés avec Dieu.

Cette divine Mère manifesta à Gertrude son
autorité sur le Cœur de Jésus, le jour de sa glorieuse Nativité.

Gertrude adressait à Marie une prière de l'Église,
le *Salve Regina*. Quand elle arriva à ces mots :
— *Tournez vers nous vos yeux miséricordieux*,
elle vit la Bienheureuse Vierge tenant dans ses
bras le divin Enfant. Marie toucha délicatement
le menton de son Fils, et dirigeant vers Gertrude
et ses compagnes le visage et les yeux de Jésus :
« Les voici, disait-elle, mes yeux très miséricordieux; ce sont les yeux de mon Fils, et je puis
en diriger les regards vers tous ceux qui m'invo-
quent, pour le salut éternel et la sanctification
de leurs âmes. »

Jésus, de son côté, révélait de mille manières à Gertrude la loi qu'il s'est imposée lui-même, de ne communiquer ses richesses à l'homme que par les mains et le Cœur de Marie :

Dès les premiers jours d'une conversion, que la Purification de Notre-Dame et son Annonciation virent naître et s'affermir, Jésus dit à Gertrude : « Je te donne ma très douce Mère comme protectrice; je te confie à sa providence. » Lorsque l'heure des épreuves arriva, Gertrude troublée, effrayée, appela Jésus à son aide. Notre-Seigneur lui répondit : « Je te donne pour mère ma très miséricordieuse Mère : par Elle, je te dispenserai mes grâces, et quel que puisse être l'excès de tes peines, aie recours à Elle quand tu sentiras défaillir tes forces : tu seras toujours relevée et consolée. » — « Que de fois, s'écrie sainte Gertrude, ne vous ai-je pas vu, ô Jésus, me recommandant affectueusement aux tendres soins de votre Mère, ainsi, et mieux encore qu'un époux recommande à sa propre mère une épouse bien-aimée! »

III

Malgré ces leçons réitérées de Notre-Dame et de Jésus-Christ, Gertrude ne put d'abord se défendre pleinement d'une appréhension, hélas!

trop commune : elle craignait que les témoignages de respect, de confiance et d'amour qu'elle
donnait à la Très Sainte Vierge ne préjudiciassent
aux droits de Jésus-Christ. Mais une leçon nouvelle
de Notre-Seigneur dissipa pour toujours ce
scrupule.

Un jour (c'était la fête de l'Annonciation),
un prêtre, adressant une instruction à la communauté, insistait sur les grandeurs et les vertus
de la Très Sainte Vierge, sans mentionner l'amour
immense du Fils de Dieu dans l'Incarnation.
Gertrude en fut contrariée, contristée. Retour-
nant du sermon et passant devant un autel de
Notre-Dame, elle s'inclina sans doute, mais
son cœur ne se portait point vers Elle avec une
affection aussi vive : elle dirigeait plutôt et la
salutation et ses meilleurs sentiments vers Jésus,
le fruit béni de ses entrailles, et se proposait
d'avoir cette même intention, chaque fois qu'elle
saluerait une image de Notre-Dame.

Peu à peu, cependant, Gertrude troublée se
demanda si elle n'aurait pas indisposé contre
elle, par de tels sentiments, la toute-puissante
Reine du ciel. Or, Jésus daigna venir l'instruire,
et lui dit avec une bonté pleine de grâce : « Ne
crains pas, ma fille très chère, d'avoir offensé ma
douce Mère, en dirigeant vers moi tous les mou-

vements de ton cœur : Elle en est, au contraire,
très satisfaite. Mais pour écarter tout scrupule,
dorénavant, quand tu passeras devant l'autel de
ma très pure Mère, salue dévotement son image
et néglige la mienne. — Oh! reprit Gertrude,
à Dieu ne plaise que j'agisse ainsi; non, Seigneur,
mon cœur n'y consentira jamais : n'êtes-vous pas
mon unique bien, mon salut, la vie de mon âme;
et je vous négligerais, pour adresser à d'autres
mes salutations et mon amour!... — Ma chère fille,
répondit doucement Jésus, obéis-moi; et chaque
fois que, me négligeant ainsi, tu salueras ma Mère,
j'éprouverai la même joie et tu mériteras la même
récompense que si, de grand cœur, tu méprisais
mille et mille biens pour accroître et centupler
ma gloire. »

Dès lors, Gertrude pénétra mieux les mystères de la miséricorde divine, qui abandonne
le salut du monde et la sanctification des âmes,
les biens de Dieu, Dieu lui-même, aux mains
d'une femme, notre sœur et notre mère, et elle
sollicita l'intervention de Marie avec une dévotion plus fidèle et plus ardente. Afin d'être
assurée de plaire à Jésus dans ses communions,
elle conjurait Notre-Dame de la préparer à recevoir l'Eucharistie. Marie ornait sa fille de la parure
de ses propres vertus, et Jésus témoignait à
Gertrude combien son Cœur était ravi de retrouver

en elle quelques rayons d'une beauté qui seule,
comme chante l'Église, a pu charmer ses
regards[1].

Si le cœur de Gertrude devint un séjour préféré
de Jésus, c'est que Marie, exauçant les prières
de Gertrude, prépara son cœur à Jésus. Un
jour à l'heure de l'oraison, la Sainte demanda
à Jésus : « Que ferai-je pour vous plaire davantage ? — Voici ma mère, répondit Notre-Seigneur, efforce-toi de la louer dignement. » Alors
Gertrude adressa à Marie cette louange : « *O
paradis de délices!* » Et elle la félicitait d'avoir
été choisie pour servir de demeure à son Dieu.
Puis, elle disait à Notre-Dame : « Obtenez-moi,
je vous prie, que mon cœur soit, aux yeux de Dieu,
paré d'assez de vertus, pour qu'il daigne y établir
sa demeure. » Marie montra que cette prière lui
était agréable, et il sembla à Gertrude que la
Bienheureuse vierge plantait, à l'heure même, dans
son cœur, des roses de charité, des violettes
d'humilité, en un mot, les fleurs variées de toutes
les vertus.

1. *Sola placuisti Domino nostro Jesu Christo.* (Office de
N.-D.

IV

Bientôt, Gertrude appréhenda, non plus de trop faire pour honorer Notre-Dame, mais d'être injuste envers cette auguste Souveraine, cette bienfaitrice universelle. Elle se trouva impuissante à payer ses dettes de respect et de reconnaissance. Le Cœur de Jésus lui parut seul capable de suppléer à l'insuffisance du cœur des hommes, pour honorer et aimer Notre-Dame comme Elle doit être aimée et honorée. On trouve souvent, dans les écrits de Gertrude, l'expression vive de ce sentiment.

La veille de l'Assomption, Gertrude conjurait, du fond du cœur, Jésus-Christ de lui rendre favorable sa très douce Mère : il lui semblait, en effet, n'avoir jamais bien rempli ses devoirs envers cette auguste Reine. — Alors Jésus embrassa tendrement sa Mère, lui témoigna de diverses manières l'amour filial qu'il eut toujours pour Elle et lui dit : « Veuillez, ô ma mère très aimante, regarder cette âme que j'ai choisie, et n'ayez pas moins d'amour pour elle, que si elle vous eût toujours servie avec la dévotion la plus ardente. »

Le jour de la Nativité de Marie, Gertrude s'accusait, en gémissant, de n'avoir jamais dignement honoré Notre-Dame. Elle désirait donc vivement que Jésus réparât sa négligence. A cette fin, elle adressait à la Très Sainte Vierge, mais par le Cœur de Jésus, l'antienne *Salve Regina*. Or elle entendit au même instant, une harmonie délicieuse qui montait du Cœur de Jésus au Cœur de la Vierge sa Mère : c'était le cantique de l'amour filial de Jésus, et il payait les dettes de Gertrude.

Un autre jour, comme elle priait Jésus de présenter, en son nom, à sa divine Mère quelques bonnes œuvres, afin de réparer le peu de zèle qu'elle avait eu pour la gloire de la Bienheureuse Vierge, Jésus, le Roi de gloire, se leva, et offrant à Marie son Cœur divin, il lui disait : « Ma Mère très aimante, voici mon Cœur; je vous l'offre, et en lui cet amour divin et éternel qui m'a porté à vous prédestiner, à vous créer, à vous sanctifier, à vous choisir pour être ma Mère. Je vous offre, dans ce Cœur, toute la tendresse filiale dont je vous donnai tant de gages sur la terre, alors que, petit enfant, vous me nourrissiez et me portiez dans vos bras. Je vous offre, dans mon Cœur, l'amour fidèle qui m'a porté à demeurer, toute ma vie, près de vous, et à vous obéir, moi le Roi du ciel, comme un fils à sa mère. Je vous offre, en particulier, l'amour qui, sur la Croix, me fit, en quelque sorte, oublier mes tourments, pour compatir intimement à votre désolation amère, et vous laisser, à ma place, un gardien et un fils. Enfin, voyez dans mon Cœur l'amour qui m'a pressé de vous exalter, dans votre bienheureuse Assomption, par-dessus les Saints et les Anges, et de vous constituer la Souveraine, la Reine de la terre et du ciel. Tout cela, ô ma douce Mère, je vous l'offre pour suppléer aux négligences de ma bien-aimée dans votre service, et je vous demande qu'à l'heure de sa mort, vous veniez au-devant d'elle et l'accueilliez avec une bonté de mère. »

« O mon Frère, disait, une fois encore, notre Sainte à Jésus-Christ, ô mon Frère, puisque vous vous êtes fait homme pour payer les dettes des hommes, daignez maintenant, je vous en prie, suppléer à mon indigence et réparer mes torts envers votre Bienheureuse Mère. »

Or, Jésus se leva aussitôt, il s'avança très respectueusement vers sa Mère, se mit à deux genoux devant elle, et la salua, en inclinant la tête avec une dignité et une amabilité ravissantes[1].

1. — *Ad quæ verba Filius Dei, reverendissime assurgens et procedens, coram Matre sua genua flexit, et motu capitis sui decentissime et amicabilissime salutavil.*

V

En exauçant ainsi les prières de Gertrude, Notre-Seigneur lui donnait, on le voit, des leçons toujours plus pénétrantes de respect et d'affection envers Notre-Dame, et la Sainte n'en comprenait que mieux l'impuissance de l'homme à honorer dignement Marie, si le Cœur de Jésus n'acquitte lui-même ses dettes. Comment, en effet, l'homme pourrait-il assez révérer Celle que le Fils de Dieu daigne révérer jusqu'à fléchir les genoux devant Elle? Gertrude comprenait enfin la profondeur insondable de la parole évangélique, qui déclare Jésus le *subordonné* de Marie, et institue dès lors Marie la Souveraine, la dame du Cœur de Jésus[1].

---

1. Le titre de Souveraine du Cœur de Jésus est le dernier mot des gloires rédemptrices de Marie; car tous les trésors de la Divinité sont réunis dans le Cœur de Jésus; la Trinité sainte elle-même a dans ce Cœur son ciel le plus digne et le plus aimé. On ne saurait donc adresser trop souvent à Marie cette appellation si glorieuse et si douce : Notre-Dame du Cœur de Jésus. Le culte de Marie, sous ce vocable, fut institué, en 1846, à Paray-le-Monial, à la source de la dévotion du Cœur de Jésus, et l'année même du couronnement de Pie IX.

Nous laissons au lecteur le soin de méditer sur les grandeurs incomparables qu'il a plu à Dieu de communiquer à l'époux de Marie, à saint Joseph, quand il a daigné lui *subordonner* son Fils.

Un dernier récit de la vie de sainte Gertrude résumera tous les enseignements de ce chapitre, et révélera au lecteur un moyen facile de s'attirer les bénédictions abondantes de Notre-Dame.

— « Gertrude priait, quand Marie lui fut montrée, en présence de la Trinité sainte, sous l'image d'un lis éclatant de blancheur. Ce lis avait trois feuilles : l'une représentait la puissance du Père; l'autre, la sagesse du Fils; la troisième, la bénignité du Saint-Esprit, qui se communiquent pleinement à la Vierge très pure, au point de reproduire en Elle leur vive ressemblance.

« Alors, la Très Sainte Vierge dit à Gertrude : Si quelqu'un me salue avec dévotion et m'appelle blanc lis de la Trinité, Rose éclatante du Paradis, je ferai voir, en lui, ce que je puis par la toute-puissance du Père; quelles industries me fournit, pour le salut des hommes, la sagesse du Fils, et de quelle miséricorde débordante la bénignité du Saint-Esprit remplit mon Cœur. » Notre-Dame ajouta : « A l'heure où l'âme qui m'aura ainsi saluée quittera son corps, je lui apparaîtrai dans la splendeur d'une telle beauté, qu'elle goûtera, à sa grande consolation, quelque chose des joies du Paradis. »

En ce jour, sainte Gertrude prit la résolution

d'adresser à Notre-Dame, ou de réciter devant son image, la salutation suivante :

« Je vous salue, blanc lis de la glorieuse et toujours paisible Trinité; je vous salue, Rose éclatante du Paradis : ô vous, de qui a voulu naître et du lait de laquelle a voulu se nourrir le Roi des cieux, abreuvez nos âmes des effusions de la divine grâce[1] »

1. *Ave, candidum lilium fulgidæ semperque tranquillæ Trinitatis, Rosaque præfulgida cœlicæ amœnitatis de quâ nasci et de cujus lacte pasci Rex cœlorum voluit : divinis influxionibus animas nostras pascet.*

CHAPITRE V

L'humilité du cœur de Gertrude.

Nous avons vu la Très Sainte Vierge préparer
à Jésus le cœur de Gertrude, en y semant des
violettes : du cœur de Gertrude, en effet, comme
du Cœur de Jésus, s'exhale le parfum de l'humilité.
Toutes ses paroles le respirent.

I

« O Dieu de ma vie, quels déserts, quels chemins
âpres et rocailleux n'avez-vous pas dû parcourir,
je veux dire combien de résistances de ma volonté
à votre grâce n'avez-vous pas dû surmonter,
pour arriver enfin jusqu'à la vallée de ma misère !
« D'où vient, ô mon Dieu, que vous vous
humiliez ainsi, jusqu'à me prodiguer les dons
de votre bonté? Vous voulez que j'expérimente
en moi-même la vérité des paroles que vous
adresse saint Bernard : « Vous poursuivez ceux
qui vous fuient, vous vous représentez aux
regards de ceux qui déjà vous ont tourné le dos;

vous implorez, et l'on vous méprise, et pourtant aucune confusion, aucun mépris ne peuvent rebuter, ne peuvent lasser votre amour! »

« O trop grande douceur de mon Dieu! mes graves péchés, mes crimes multiples vous contristent, je le vois, plus qu'ils ne vous irritent. Vraiment, pour supporter ainsi mes misères, vous avez dû dépenser, ce me semble, plus de trésors de bénignité et de patience qu'au temps où vous supportâtes, avec un si tendre amour, la compagnie du traître Judas.

« Vous savez, ô mon Dieu, le sujet de ma plus amère tristesse, de ma confusion la plus profonde, c'est mon infidélité, ma négligence, mon irrévérence, mon ingratitude, dans l'usage de vos bienfaits : oui, ne m'eussiez-vous donné, à moi si indigne, qu'un fil d'étoupe, j'aurais dû vous témoigner plus de révérence et d'amour, que je n'ai fait pour tant de grâces.

« O mon Dieu, qu'est devenue votre sagesse! Quel amour étrange vous fait ainsi oublier votre dignité? Quelle ivresse, si je l'ose dire, vous trouble, pour que vous alliez chercher, jusqu'aux extrêmes frontières de sa bassesse, une si vile créature et l'unissiez à vous?... Ah! vous voulez montrer à tout homme quelle confiance il doit avoir en votre amour; il ne s'en trouvera, en effet, aucun qui, plus que moi, déshonore les dons de Dieu et scandalise ses frères. »

A chaque page du livre de Gertrude, on rencontre de semblables paroles. Souvent même, plus impitoyable encore contre elle-même, elle descend dans des abîmes d'humilité où l'on ose à peine la suivre du regard.

II

Les actes de Gertrude ne manifestaient pas moins énergiquement que ses paroles l'humilité de son cœur :

« Abbesse du monastère pendant quarante ans, écrit une de ses compagnes, nous la vîmes toujours assidue à visiter et à servir les infirmes; elle les récréait comme une mère récrée ses enfants, et descendait, pour eux, jusqu'aux plus vils offices. Elle était la première à balayer la maison; longtemps même, elle demeura chargée seule de ce travail et en porta le fardeau, jusqu'à ce que l'exemple de son humilité eût vaincu la répugnance qu'avaient les Sœurs à le partager. »

L'auteur du premier livre des *Insinuations* fournit une preuve plus décisive encore de l'humilité de Gertrude : « Elle, dit-il, dont les plus sages consultaient la sagesse; elle, si versée dans la connaissance des Écritures, elle demandait, en toutes choses, l'avis des autres, prête à poursuivre, à suspendre, à abandonner ses projets,

à approuver ses propres pensées ou à les con-
damner, selon que les autres approuvaient ou
condamnaient; et à peine arrivait-il quelquefois
qu'elle jugeât devoir préférer son sentiment
au sentiment d'autrui.

« Gertrude ne cachait pas les grâces qu'elle
recevait de Dieu; elle aimait, au contraire,
comme elle nous l'apprend, les communiquer,
non seulement aux directeurs de son âme, mais
à plusieurs autres, et cela par un principe de
très pure humilité. Intimement convaincue,
en effet, que nul n'était plus indigne qu'elle de
ces faveurs, elle ne doutait pas qu'elles ne fus-
sent mises en son âme uniquement pour être
semées, comme un grain précieux, en de meil-
leures terres. C'était déshonorer les dons de
Dieu que les laisser enfouis dans la sentine,
dans l'égout de son cœur, et ils ne commen-
çaient, pensait-elle, à fructifier pour leur Maître,
que du jour où elle les tirait de ce cœur, pour
les déposer en un autre plus digne de les recevoir. »

De là le zèle qu'elle mit à écrire ou à dicter
les quatre derniers livres des *Insinuations*, et
beaucoup d'autres ouvrages que nous ne pos-
sédons plus. Elle y répugna d'abord, par un
instinct naturel et par l'effet d'une humilité
commune; mais une humilité plus parfaite

surmonta cette répugnance. Arrivée à la fin de ces travaux, Gertrude répétait souvent une parole vraiment embaumée et d'humilité et de charité : « Si je suis, après ma mort, disait-elle, jetée, pour mes péchés, en enfer, il m'y restera une joie : ce sera la pensée qu'en lisant mes écrits, d'autres hommes loueront mon Dieu, et que ses grâces, stériles en moi, produiront chez d'autres d'heureux fruits. »

C'était une des industries de l'humilité de Gertrude, de ne pas lutter directement contre les imaginations d'orgueil ou de vanité. Une imagination semblable venait-elle se mêler à ses oraisons ou à ses bonnes œuvres, Gertrude se disait à elle-même : « Il est vrai qu'à toutes mes misères s'ajoute celle de l'orgueil; mais il me demeure une consolation : peut-être qu'en me voyant bien agir, une âme sera portée à imiter mes actions sans imiter mon orgueil, et Dieu sera glorifié, il recueillera du moins ce fruit de ma stérilité. »

III

L'humilité de Gertrude n'avait pas grandi en un jour : la généreuse vierge avait conquis cette vertu par des luttes quotidiennes, et les leçons de Jésus-Christ l'avaient guidée et soutenue.

Jésus laissait à Gertrude des infirmités spirituelles qui sauvegardaient l'humilité :

Cédant aux instances de Gertrude, une pieuse femme priait depuis quelque temps pour elle, quand un jour, Notre-Seigneur lui dit : « Ces défauts dont se plaint ma bien-aimée, lui sont très profitables. Je répands, tous les jours, dans son âme, une telle abondance de grâce, que je dois, pour préserver son infirmité humaine des atteintes de la vanité, en cacher plusieurs à ses yeux, sous le nuage de ces légers manquements. Le fumier féconde la terre; le sentiment qu'une âme a de son infirmité fait germer en elle la reconnaissance, et chaque fois qu'elle s'humilie ainsi de ses fautes, je lui donne une grâce qui les détruit : je change, peu à peu, les défauts en vertu, et l'âme se surprendra un jour dans une lumière sans ombre. »

Jésus privait Gertrude de ses faveurs intimes, et lui exposait ainsi le motif de cette soustraction douloureuse : « C'est pour le salut de ton âme que je t'élève, par la contemplation, à la connaissance de mes secrets divins, et c'est aussi pour ton salut que je t'exclus de ces communications familières. Quand je t'élève, je veux t'enseigner que tu peux beaucoup comprendre et beaucoup faire par ma grâce. Quand je t'abaisse, je veux t'enseigner que tu n'es rien, et ne peux rien de toi-même. »

Jésus montrait à Gertrude comment en lui seul est notre suffisance, ainsi que parle saint Paul; comment nous devons demeurer en lui, nous revêtir incessamment de lui, pour plaire à Dieu :

Tenant, un jour, son Cœur dans ses mains, il le présentait à Gertrude et lui disait : « Vois mon très doux Cœur, l'harmonieux instrument dont les accords ravissent la Trinité Sainte : je te le donne, et comme un serviteur fidèle et empressé, il sera à tes ordres, pour suppléer à tes impuissances. Use de mon Cœur, et tes œuvres charmeront le regard et l'oreille de Dieu. »

Gertrude hésitait à le faire; Jésus triompha de ses appréhensions, en éclairant davantage son humilité :

« Devant une assemblée honorable, lui dit-il, un homme doit chanter; mais sa voix est aigre et fausse : à peine peut-il tirer de sa poitrine quelques sons qui ne blessent l'oreille. Or, tu es près de lui; tu as, je le veux, une voix flexible, limpide, éclatante; tu peux lui donner ta voix ou chanter à sa place; tu désires le faire; il connaît ton désir : ne t'indignerais-tu pas contre lui, s'il refusait de répondre à tes avances? Ainsi, je connais ta misère, et mon Cœur y peut suppléer; il désire ardemment le faire, c'est pour lui une

vive joie : tout ce qu'il demande, c'est que tu lui
en confies le soin, sinon par une parole, du moins
par un signe quelconque de ta volonté. »

C'était déjà faire comprendre à Gertrude que
Dieu ne trouve pas en nous, mais en lui-même,
le mobile des épanchements de sa bonté. Jésus
lui révéla mieux encore cette vérité où l'humilité trouve sa racine la plus profonde :

Un jour que Gertrude découvrait dans son
âme, à la lumière de Dieu, des misères jusqu'alors moins aperçues : « Seigneur, s'écria-
t-elle, sous l'impression de l'horreur dont la vue
de sa difformité l'avait pénétrée; Seigneur,
comment pourrai-je vous plaire jamais, avec
tant de taches dans mon âme; et combien d'autres
encore l'œil pénétrant de votre divinité n'en
doit-il pas discerner! » Gertrude entendit aussitôt
cette courte réponse : « L'amour fait la complaisance », et elle comprit ainsi :

« L'amour, même entre les hommes, domine
souvent un cœur au point de lui rendre aimable,
bien qu'il soit difforme, l'objet auquel il s'attache :
cette affection va même, quelquefois, jusqu'à
faire désirer à l'ami, comme si c'était un bien pour
lui, de partager la difformité de son ami. Or,
Dieu est l'amour même : il trouve dans cet
amour le secret de nous aimer, malgré nos dif-
formités. »

Jésus protégeait encore Gertrude contre les assauts de l'orgueil, en lui disant le motif des faveurs plus spéciales qu'il semblait réserver pour elle :

« C'était un jour de fête, raconte notre Sainte : ne pouvant aller communier, retenue que j'étais par une maladie, je rappelai à ma mémoire les bienfaits de mon Dieu. La vue de ces grâces me fit appréhender que le vent de l'orgueil, passant sur mon âme, n'y desséchât la rosée de la miséricorde : je priai Notre-Seigneur de me donner une lumière qui me prémunît contre la vanité, et voici la leçon que je reçus de sa bonté paternelle :

« Dans une famille où de nombreux enfants ont une vigueur, une beauté parfaites, se trouve quelquefois un enfant plus jeune, au tempérament débile. N'est-il pas vrai que le père de famille aura compassion de cet enfant, qu'il lui témoignera plus tendrement son affection par des caresses et de petits présents, auxquels ses frères n'auront point de part ? »

Jésus me dit encore : « Tant que tu persévéreras à te considérer comme plus imparfaite que les autres, je ne cesserai pas d'épancher sur ton âme les flots de mes tendresses divines. »

IV

Ce n'étaient pas encore là toutes les leçons de Jésus-Christ : Gertrude apprenait de lui que l'orgueil ferme à la grâce l'entrée de l'âme, tandis que l'humilité l'incline vers elle et l'y introduit.

Elle priait pour une âme qui désirait goûter les consolations divines; Jésus lui répondit : « Cette âme doit s'accuser elle-même, si la douceur de ma grâce n'arrive pas jusqu'à elle. Je la vois attachée à ses idées, obstinée dans ses jugements. C'est l'effet d'un tel orgueil de paralyser, dans l'âme, le sens qui perçoit le parfum de l'amour divin. Vainement de suaves odeurs s'exhaleraient près d'un homme, si ses narines obstruées étaient incapables de les aspirer. »

Une âme vraiment déterminée à servir Dieu s'était recommandée aux prières de Gertrude. — « Dis-lui de ma part, répondit Notre-Seigneur, que, si elle désire être unie pleinement à moi, elle doit se construire, à mes pieds, un nid formé des feuilles de sa bassesse et des palmes de ma dignité : là, elle devra se souvenir toujours que, sans la grâce de Dieu, l'homme est prompt à faire mal et lent à bien faire. Elle songera que ma miséricorde paternelle est cependant toujours prête à recevoir amoureusement le pécheur qui se repent et veut retourner à moi. La confiance lui donnant ainsi des ailes pour sortir de son nid, elle pourra s'élever vers mon Cœur, et y célébrer, par des chants d'action de grâces, les nombreux bienfaits qu'elle a reçus de ma bonté. Peut-être pourra-t-elle ensuite monter plus haut, et contempler la face de ma divinité; mais, comme la vie présente n'est point faite pour résider longtemps sur ces hauteurs, elle devra bientôt replier ses ailes et redescendre jusqu'à son nid, pour s'y reposer dans l'humilité et attendre que la confiance revienne l'élever jusqu'à mon Cœur, et la contemplation l'exalter jusqu'à ma divine face. »

Gertrude priait pour une autre âme qui s'était recommandée à elle, et directement, et par intermédiaires, avec une humilité très profonde : la Sainte vit Jésus s'incliner vers cette âme, l'inonder d'une splendeur céleste et répandre en elle toutes les grâces qu'elle avait espéré obtenir par l'intercession de Gertrude. En même temps, Notre-Seigneur disait : « L'humilité m'est chère, et quand une âme se recommande humblement aux prières d'une autre, espérant obtenir mes grâces par son intervention, je l'exauce indubitablement, selon ses désirs, alors même

que l'intercesseur ne songerait pas à prier pour
elle. »

Gertrude, considérant ses propres misères,
fut tout à coup tellement frappée de leur nombre
et de leur gravité, qu'elle eût voulu se dérober
à la lumière, s'anéantir dans un abîme de ténèbres.
Or, comme elle s'humiliait ainsi, elle voyait
Jésus descendre vers elle avec de telles marques
d'amour, que les Anges et les Saints semblaient
en être saisis d'admiration. Et Jésus, comme
pour répondre à leur étonnement, disait : « Je
ne puis m'empêcher de la suivre; son humilité
captive mon Cœur et l'attire à soi par des liens
que je ne puis rompre. »

Mais la plus efficace, peut-être, des leçons
d'humilité que Jésus donnait à Gertrude, se
trouvait dans la délicatesse divine des procédés
de son amour. Jésus, le plus souvent, semblait
ne pas voir cette difformité qui faisait gémir
son épouse, et le noble cœur de Gertrude s'en
souvenait d'autant plus que le Cœur de Jésus
voulait l'oublier davantage.

Les traits suivants révèlent tout entière la
noblesse des procédés de Jésus :

Aux approches de la Saint-Barthélemy, Gertrude se laissa surprendre par une impression
de tristesse et de légère impatience, qui eut

pour effet d'assombrir son âme et de lui dérober
la vue de son Bien-aimé. Le samedi suivant,
la miséricordieuse intervention de Notre-Dame
tempéra cependant sa peine, et, le lendemain,
Notre-Seigneur lui témoigna la tendresse d'affection, dont il l'avait toujours favorisée.

Mais alors s'éleva dans le cœur de la Sainte
un tel mouvement d'indignation contre elle-
même, à la vue de la multitude de ses défauts
et au souvenir de son acte d'impatience, que,
désespérée en quelque sorte, elle disait à Jésus :
« O miséricordieux Seigneur, mettez donc fin
à mes misères, car, pour moi, je les laisse envahir
mon âme, au lieu de les contenir. »

Or Jésus, compatissant à son affliction, montra
à Gertrude un jardin fort étroit, environné d'une
haie d'épines. Des fleurs nombreuses et variées
y croissaient de toutes parts, et sur ces fleurs
des abeilles avaient déposé quelques rayons de
miel. « Consentiras-tu, dit Notre-Seigneur à son
épouse, à m'abandonner, pour jouir de la vue de
ce parterre, de ces fleurs et de la saveur de ce
miel? — Non certes, ô mon Dieu, répondit Gertrude. »

Jésus exposa ensuite à ses regards un autre
petit jardin, au sol marécageux, dont les fleurs
rares croissaient à grand'peine dans un gazon
maigre et jauni : « Et cet autre jardin, dit Jésus,
le préférerais-tu à ton Dieu? — Ah! répondit Ger-

trude en se couvrant le visage avec horreur, loin de moi la pensée de préférer à Vous, qui êtes le seul bien vrai, stable, éternel, aucune de ces choses viles et périssables.

— Et pourquoi donc, reprit alors Jésus, laisser entrer dans ton âme ces sentiments de défiance? Pourquoi douter que tu sois dans la charité, alors que tes sentiments sont une preuve du contraire? Pourquoi te désespérer, à l'occasion de tes péchés, quand tu sais que la charité suffit à en détruire la multitude? Tu pourrais vivre commodément, en jouissant de l'honneur mondain et des satisfactions honnêtes du cœur et des sens, et pour moi tu les méprises, car cette vie douce et commode, je te l'ai montrée, sous l'image des deux jardins.

— Hélas! dit Gertrude, n'est-ce point peut-être aussi à cause de leurs étroites limites que j'ai méprisé le jardin de la vanité et le jardin des plaisirs sensuels?

— Il est vrai, répondit Jésus, que ma bonté ingénieuse manifeste aux élus, afin qu'ils les méprisent plus aisément, le peu de valeur des biens terrestres. »

Un autre jour, remettant devant ses yeux la multiplicité des bienfaits dont l'avait comblée la libéralité divine, et se reconnaissant très indigne du nombre de ces dons, Gertrude se reprochait amèrement de n'avoir retiré aucun fruit des largesses de Dieu : « J'aurais dû, se disait-elle, mettre à profit ces grâces pour m'avancer dans la vertu; j'aurais pu, du moins, en remercier Dieu, ou les révéler à d'autres âmes pour les étudier et leur faire mieux connaître la bonté du Seigneur : et je n'ai rien fait de cela ! »

La miséricorde de Jésus consola ainsi Gertrude : « En communiquant mes dons aux élus, je n'exige pas toujours qu'ils retirent de chacun tous les fruits qu'ils pourraient produire : une telle exigence accablerait l'infirmité humaine. Mais, cédant à la violence de l'amour, qui me presse de prodiguer aux hommes mes biens, j'ajoute incessamment quelques grâces nouvelles aux grâces précédentes, afin de suppléer, par ces dons gratuits, aux fruits qui naîtraient de la généreuse correspondance de l'homme, et de lui acquérir ainsi, par une voie toute de miséricorde, une mesure plus grande de gloire et de joies éternelles. »

La maladie empêchait Gertrude de chanter au chœur : elle s'y rendait, toutefois, et prêtait l'oreille au chant des Sœurs, méditant, selon son pouvoir, les paroles de l'Office. Ce n'était pourtant qu'à grand'peine qu'elle y appliquait son esprit, et cette impuissance était pour elle un sujet de tristesse et de découragement; de sorte qu'il lui arrivait souvent de dire au Seigneur, en gémissant : « O mon très aimable Maître, quelle vie inutile que la mienne! Que fais-je là, pour vous, assise, muette et à peine capable de saisir le son d'une ou deux paroles? » Jésus semblait ne pas l'entendre; mais, un jour, il répondit ainsi à sa plainte :

« Et toi, ne saurais-tu pas gré à un ami qui, une ou deux fois, t'offrirait un doux et fortifiant breuvage, objet de tes désirs? Les quelques paroles que tu prononces ou que tu considères, me sont, sache-le bien, encore plus agréables. »

A l'Évangile, elle hésitait à se lever, tant elle se sentait accablée de lassitude; puis, elle se reprocha cette hésitation comme une lâcheté. A quoi bon, pensait-elle, se ménager ainsi, alors que tu n'as plus espérance de recouvrer la santé? Gertrude interrogea cependant Notre-Seigneur à ce sujet, et elle reçut cette réponse : « Lorsque pour mon honneur tu fais une chose qui est au-dessus de tes forces, je t'en sais gré, comme si cet acte était nécessaire à ma gloire. Quand, au contraire, avec droite intention, tu épargnes ton corps, je t'en sais gré, comme si tu donnais à mes propres membres un soulagement nécessaire. »

« Oh! mon Maître, s'écriait Gertrude, entre tant de miracles que votre amour opère, j'en

sais un de bien grand : c'est que la terre me
supporte, moi, pécheresse indigne! — Oh! ous
répondit aussitôt Jésus, très volontiers et du reste
avec justice, la terre doit s'offrir à soutenir tes
pas, puisque le ciel lui-même attend, avec une
impatience indicible, l'heureux instant où tes
pieds fouleront ses parvis. »

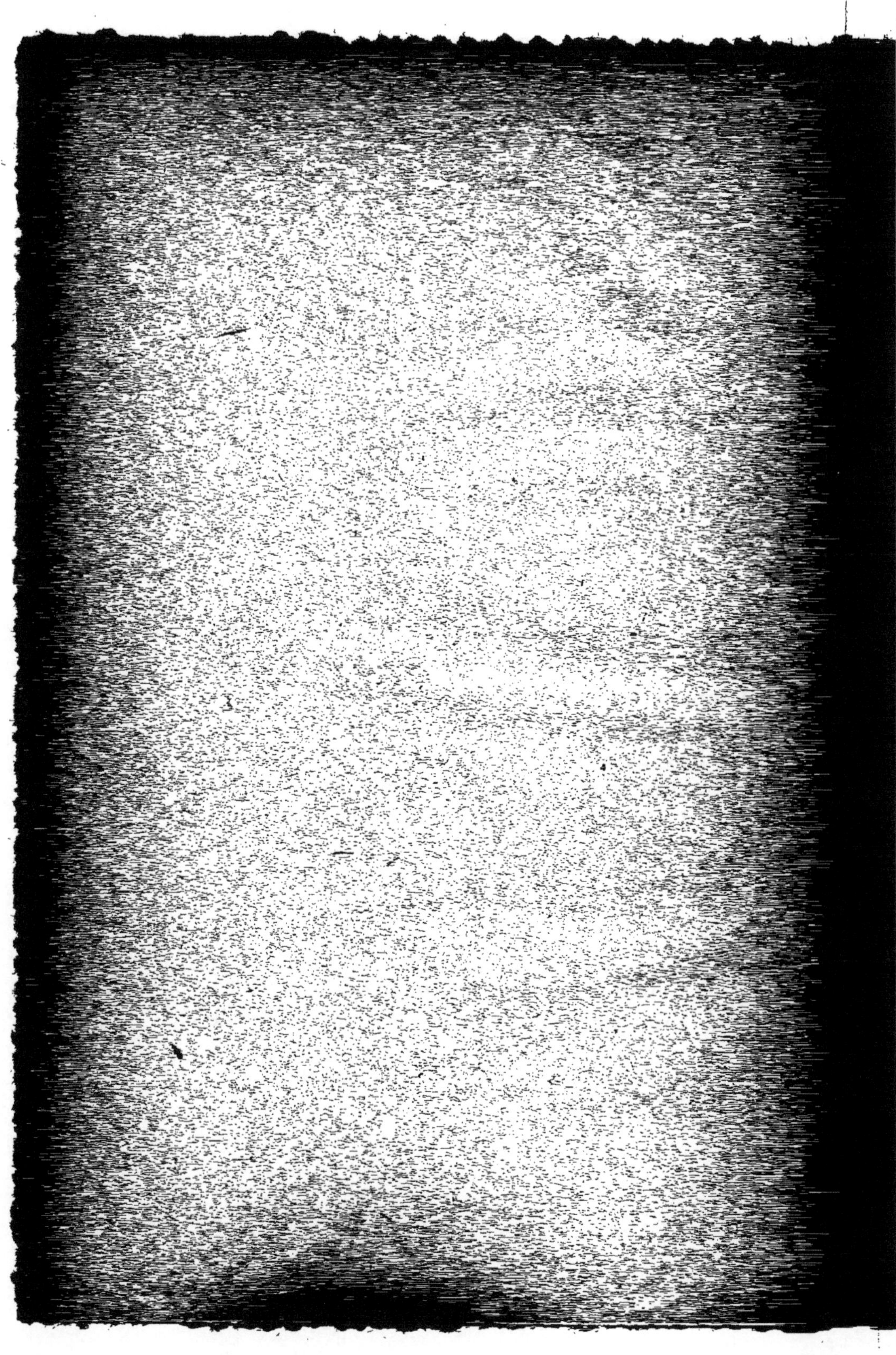

CHAPITRE VI

La bénignité du cœur de Gertrude

Jésus est doux, comme il est humble : la bénignité de Dieu s'est montrée sur la terre, quand Jésus y est apparu[1]; le cœur de Gertrude devait donc, pour plaire à Jésus, reproduire aux yeux de Dieu et des hommes, la bénignité de son Cœur.

Les leçons de ce très doux Maître la prémunirent contre les écueils de la colère, de l'irritation, de la rancune. L'iniquité des pécheurs, l'imperfection des justes, vues à la lumière des enseignements divins, excitèrent sa pitié, au lieu de soulever son indignation : elle sut reprendre sans aigreur, et, mieux instruite du prix des œuvres de charité, elle se sentit disposée à tout faire, à tout souffrir pour aider et consoler le prochain.

I

La Sainte priait, un jour, pour des misérables, qui, après avoir injustement lésé les droits de

1. *Benignitas et humanitas apparuit Salvatoris nostri Dei* (Tit. III, 4).

sa communauté, menaçaient encore de faire plus de tort à la maison. Notre-Seigneur se montra alors à Gertrude : il avait un bras douloureusement replié et tordu; les nerfs en semblaient tous rompus. Or, Jésus dit à son épouse : « Considère quelle souffrance me causerait celui qui frapperait maintenant, à coups redoublés, sur ce bras endolori. C'est pourtant la peine que me font ceux que j'entends parler impitoyablement des gens qui vous persécutent : ils oublient, en effet, que ces misérables perdent leurs âmes et que, d'ailleurs, ils sont mes membres. Ceux, au contraire, qui me prient de toucher leur cœur et de les convertir, ceux qui les exhortent doucement à réparer leurs torts, ceux-là, comme autant de médecins habiles et charitables, pansent mon bras malade, y répandent une liqueur onctueuse, et d'une main délicate ramènent, peu à peu, les muscles à leur position première. »

Surprise de cet excès de bénignité divine, Gertrude dit à Jésus : « Très doux Seigneur, comment pouvez-vous appeler votre bras, de telles gens, si indignes de cet honneur? — Je les appelle ainsi avec vérité, parce qu'ils sont du corps de l'Église, dont je m'honore d'être le chef. — Mais n'en ont-ils pas été détachés par l'excommunication solennellement portée contre eux, à cause de leurs brigandages? — Il est vrai qu'ils sont excommuniés; mais comme ils peuvent recevoir encore l'absolution de l'Église, je les considère comme rattachés à moi par ce lien, et l'intérêt de leurs âmes éveille en moi des sollicitudes inexprimables : je désire avec une indicible ardeur que ces malheureux se convertissent. »

Gertrude pria Jésus de préserver le couvent des malheurs plus grands dont ces gens le menaçaient : « Je le ferai, répondit Notre-Seigneur, si vous reconnaissez, dans l'humilité de votre cœur, que vous méritez ces châtiments de ma bonté paternelle; mais si votre orgueil s'élève et s'irrite contre ces malheureux, je les laisserai, par un juste jugement, prévaloir contre vous et vous molester encore. »

Tandis que Gertrude priait pour une âme parfaite, elle vit Jésus, paré, du côté droit de son corps, de vêtements royaux, tandis que son côté gauche était tout plein d'ulcères. Le côté droit représentait les âmes saintes; le côté gauche, les âmes imparfaites. Priez pour les âmes déjà parfaites ou avancées dans la vertu, c'est parer Jésus d'ornements éclatants; c'est critiquer les âmes imparfaites, reprocher durement à ces âmes leurs défauts, leurs misères spirituelles, c'est frapper, c'est entr'ouvrir avec furie les ulcères de Jésus-Christ.

Notre-Seigneur donna ainsi à son épouse l'intelligence de la vision, et il ajouta : « Plût à Dieu que l'on voulût bien panser et guérir

les plaies de mon Église, qui sont mes plaies,
en guérissant les misères des âmes imparfaites.
L'ulcère doit être d'abord touché avec précau-
tion : ainsi faut-il traiter d'abord avec douceur,
reprendre amicalement l'âme dont on veut
corriger les défauts, et n'en venir à la rigueur
qu'après avoir acquis la certitude que la douceur
demeurerait infructueuse. »

II

« Combien, disait encore Jésus, n'ont aucune
compassion de mes plaies ! Ils voient les défauts
du prochain, et en profitent aussitôt pour le
vilipender. Ils ne songent même pas à lui adresser
une salutaire parole de correction : ce serait,
pensent-ils, s'exposer ou prendre trop de peine,
et leur excuse est celle de Caïn : — Je ne suis
pas chargé de le garder. — Ceux-là mettent
sur mes ulcères un appareil qui les envenime
et y fait naître et fourmiller les vers[1]. Une bonne
parole eût, peut-être, guéri leur frère : en s'abste-
nant, ils laissent grandir leurs défauts.

1. Le lecteur se souviendra que l'Église est le corps
mystique de Jésus-Christ, et que nous sommes tous ses
membres, comme dit saint Paul. Jésus parle des plaies
de son corps mystique. En ce même sens, il disait lui-
même à Paul, qui persécutait les chrétiens : « Paul, pourquoi me persécutes-tu ? »

« D'autres font connaître aux supérieurs les défauts de leurs frères; mais ils s'indignent, si la correction est légère ou se fait attendre, et prennent la résolution de ne plus donner aux supérieurs des avis, dont il leur semble qu'on fait trop peu de cas. En même temps, ils se permettent de juger sans miséricorde le malheureux dont ils prétendaient vouloir la guérison, et ne lui disent pas un mot qui le ramène vers le bien. — Ceux-là mettent aussi un appareil sur mes ulcères; mais sous cet appareil, leur main hypocrite se cache, et elle introduit et agite dans mes plaies un trident acéré qui les déchire.

« D'autres pourraient corriger le prochain : ils négligent de le faire, non par malice, mais par insouciance : ceux-là me contristent comme si, passant près de moi, ils foulaient mon pied sous leur pied.

« Quelques-uns cherchent à corriger; mais ils oublient trois règles importantes : — pour corriger efficacement, il faut d'abord que la sérénité du visage, la charité des paroles et les procédés préparent les voies à la correction. L'on doit, en second lieu, garder secrètes les fautes commises, ou ne les révéler qu'à ceux qui doivent les connaître, soit pour aider à la correction, soit pour se soustraire à l'influence d'un mauvais exemple. Enfin, quand l'heure favorable de la correction est venue, on doit la faire, sans respect humain, sans réticences timides, ayant uniquement en vue la gloire de Dieu et le salut des âmes.

« Il faut savoir fermer les yeux sur des manquements légers. Que de fois n'arrive-t-il pas aux petits enfants de se disputer, en badinant : une certaine animation se mêle à leur jeu, mais ce n'est pas de la colère. Que fera le bon père de ces enfants, s'il est témoin de leurs disputes? Le plus souvent, il dissimulera, il rira. Sa conduite changerait si, tout à coup, l'un des enfants se courrouçait et menaçait ou frappait durement son frère. Ainsi, je dissimule, tous les jours, moi, qui suis le Père des miséricordes : et pourtant, j'aimerais mieux la paix, l'harmonie parfaite. »

III

Ceux qui connurent Gertrude attestent que toute sa conduite fut réglée sur ces leçons de Jésus-Christ : les cœurs les plus durs s'attendrissaient, dès qu'ils avaient consenti à l'entendre: sa bénignité lui avait conquis, selon la parole évangélique, un empire absolu sur les volontés les plus rebelles[1].

1. Jamais les yeux de Gertrude ne virent une souffrance, que son cœur n'en fût attendri : la vue d'un oiseau blessé, d'une bête de somme accablée sous un fardeau trop lourd contristait l'aimable Sainte, et s'il lui était impossible de les secourir, elle adressait à Dieu des prières pour que lui-même vînt en aide à ces pauvres créatures.

Douce et affectueuse avec les méchants, Gertrude prodiguait à ses compagnes les témoignages d'un amour tout maternel; et pour exciter le zèle de sa charité, Jésus lui faisait connaître de quel prix est à ses yeux une œuvre, en apparence sans valeur, dès que la charité fraternelle l'inspire :

Gertrude s'était levée, malgré ses infirmités, pour réciter les Matines, et déjà elle avait achevé un nocturne, lorsqu'une Sœur, malade elle aussi, arriva près d'elle. Notre Sainte s'offrit à recommencer les Matines, et le fit avec une dévotion nouvelle. La Messe suivit : or, Gertrude se vit, tout à coup, parée d'une tunique étincelante de diamants : Jésus la récompensait de sa charité pour la religieuse infirme, et la tunique avait autant de diamants que le nocturne renfermait de paroles.

La vue de cette parure extérieure raviva au cœur de Gertrude le sentiment de son indignité : elle se souvint de plusieurs fautes, qu'elle n'avait pu découvrir au confesseur, alors éloigné du monastère, et comme elle s'affligeait de ne pouvoir les accuser avant la communion ; « Pourquoi, lui dit Jésus, t'occuper de ces négligences, alors que tu te vois toute enveloppée dans cette riche parure de la charité : ne sais-tu pas que la charité efface tous les péchés? — Eh! quoi, reprit Gertrude, n'ai-je plus dans l'âme la tache

de ces fautes, dont elle me paraît encore souillée?
— Non, répondit Jésus-Christ, la charité les
efface, elle les détruit; bien plus, comme le soleil
pénètre et illumine le cristal, ainsi la charité fait
resplendir l'âme, et elle ajoute à ses richesses
un trésor de mérites nouveaux. »

CHAPITRE VII

La pureté du cœur de Gertrude.

Un saint vieillard, à qui Gertrude manifestait tous les secrets de son âme, disait, en parlant d'elle : « Je n'ai rencontré personne qui fût, plus qu'elle, étranger à tout ce qui peut blesser la chasteté ou en obscurcir l'éclat. »

I

Gertrude voulait plaire au Cœur très innocent de Jésus : rien ne lui coûtait, pour conserver au lis de sa virginité toute sa blancheur et tout son parfum. Ceux qui la connurent le mieux ont attesté qu'elle n'arrêta jamais son regard sur le visage d'un homme; au point qu'elle eût été incapable de reconnaître, aux traits du visage, ceux même qui la visitaient le plus fréquemment.

Elle aimait passionnément la lecture des Livres saints; mais dès qu'elle y rencontrait une ligne, un mot, qui ne semblaient pas écrits pour elle, ses yeux s'en détournaient à l'instant.

Aux questions délicates que lui adressèrent souvent des âmes agitées par des tentations importunes, Gertrude répondit toujours avec sagesse et charité; mais il était aisé de voir qu'elle eût mieux aimé être percée d'un coup de glaive, que d'ajouter un mot inutile à ces entretiens nécessaires.

II

Il est une pureté plus intime dont Gertrude se montrait jalouse, parce que Dieu en est jaloux: celle qui s'attache à détruire dans le cœur la trace des moindres fautes; celle qui garde le cœur détaché de toute amitié naturelle, de toute propriété, de toute sollicitude inutile, et ne lui permet de chercher, de poursuivre, en toutes choses, que Dieu seul. Les traits suivants mettent en lumière cette pureté parfaite du cœur de Gertrude :

Elle détestait, comme un poison mortel, toute amitié dont la charité ne lui semblait pas être le principe, ou que la charité n'inspirait pas assez. Une parole, un signe d'affection, lui devenait insupportable, quand elle y voyait mêlée quelque tendresse humaine. Plus que d'autres, elle était faite pour comprendre les douceurs de l'amitié.

et ses tribulations continuelles lui en faisaient désirer, plus qu'à d'autres, les épanchements intimes; mais elle aimait mieux renoncer à toute consolation semblable, que d'être l'objet d'une amitié naturelle, ou l'occasion d'une seule parole affectueuse, que la charité n'aurait pas ennoblie. Charitable envers tous, elle se gardait cependant d'adresser à personne des paroles trop tendres, ou de donner des marques d'affection trop vive, de peur d'éveiller dans les cœurs un sentiment d'amitié passionnée envers elle.

Encore moins Gertrude s'attachait-elle à ces mille objets, que la cupidité poursuit, et dont la possession enchaîne le cœur par mille liens et arrête son élan vers Dieu. La fidèle épouse de Jésus ne voulait rien dans sa cellule qui ne lui fût indispensable. Dès qu'un objet cessait de lui être nécessaire, elle ne pouvait se résoudre à le retenir un jour de plus. Avec permission, elle le remettait à une autre, sans tenir compte pour cela des sympathies ou des aversions naturelles.

C'est dire le soin qu'elle avait de préserver son cœur du péché, et la sollicitude avec laquelle elle se purifiait des moindres taches ; sa délicatesse de conscience s'alarmait de l'ombre du mal, et souvent Jésus dut consoler son épouse en lui montrant comment ces fautes dont elle gémissait devenaient pour Lui une occasion de joie.

Gertrude, scrutant son cœur pendant une nuit d'insomnie, se reprochait amèrement, comme une faute, l'habitude qu'elle avait contractée de dire ces deux mots : *Deus scit*, Dieu le sait ; et elle conjurait Notre-Seigneur de lui pardonner le passé et de la corriger pleinement pour l'avenir : « Eh ! quoi, lui répondit Jésus, tu veux donc me priver de la joie que je ressens, chaque fois que, retombant dans ce défaut, tu t'en humilies et te proposes de mieux faire ? Un roi n'est-il pas satisfait quand il voit un de ses soldats occupé à lutter bravement contre les ennemis du royaume ? Telle est ma satisfaction ; et, d'ailleurs, tu accrois ainsi tes mérites. »

Mais, en même temps que son amour la relevait, Jésus l'excitait par une crainte salutaire, à nourrir dans son cœur cette répulsion que lui inspiraient ses moindres fautes...

Un jour que Gertrude récitait les Heures canoniales, elle entendit le démon réciter après elle, d'une voix précipitée, un verset de psaume, et ajouter : « C'est bien en pure perte que ton Créateur, ton Sauveur, ton Bien-Aimé t'a donné des organes si déliés, que tu peux, à la fois, parler vite et bien articuler les paroles ; car, dans un seul psaume, tu as mal prononcé tant de mots

tant de syllabes, tant de lettres. » « Je compris,
disait Gertrude, avec quelle rigueur le démon
doit accuser, au tribunal de Dieu, ceux qui
récitent précipitamment l'Office divin.

« Hélas! disait-elle un jour à Jésus-Christ,
il me semble que, par votre grâce, mon âme
est purifiée de ses souillures; mais je ne tarderai
pas, j'ai lieu de le craindre, à la profaner encore
par de nouveaux manquements. O le plus doux
des maîtres, enseignez-moi comment je pourrais
vite laver les taches de mes fautes quotidiennes?
— Je ne veux pas, répondit Notre-Seigneur,
que tu laisses jamais ces taches persévérer dans
ton âme; et je t'enseignerai comment tu les feras
disparaître : hâte-toi, dès que tu les apercevras,
de m'adresser avec humilité et dévotion le verset
*Miserere mei, Deus, secundum magnam miseri-
cordiam tuam;* ou bien l'invocation suivante :
O mon unique salut, Jésus-Christ, faites que tous
mes péchés soient effacés par la vertu de votre
sainte mort. »

Gertrude se préparait à une fin prochaine par
un examen attentif de sa conscience. Ses fautes
lui apparurent tellement repoussantes, que, hon-
teuse de sa difformité, elle courut se prosterner
aux pieds de Jésus, implorant miséricorde et
pardon. Et Jésus, élevant la main, la bénit en

disant : « La bonté toute gratuite de mon Cœur t'accorde, volontiers, l'indulgence et la rémission de tous tes péchés. Et maintenant accepte la pénitence que je t'impose : tous les jours de l'année qui commence, tu feras une bonne œuvre quelconque, en souvenir de l'amour avec lequel je te remets, aujourd'hui, tes péchés. »

Gertrude accepta, de bon cœur et avec reconnaissance; puis, tout à coup, se souvenant de sa fragilité : « Hélas! dit-elle, ne m'arrivera-t-il pas d'omettre cette bonne œuvre quotidienne, et alors que devrai-je faire? — Comment pourrais-tu l'omettre? répondit Jésus : j'exige si peu de chose : te sera-t-il difficile d'offrir, à cette intention, un de tes pas, un geste, une parole affectueuse au prochain, un mot charitable à un pécheur ou à un juste? Ne pourrais-tu pas, une fois le jour, lever de terre une paille, dire un *requiem* pour les défunts? Or, ma bonté se contentera d'un seul de ces actes. »

Consolée par ces douces paroles, Gertrude demanda à Jésus si d'autres ne pourraient pas avoir part à sa consolation, en adoptant la même pratique : « Oui, répondit Jésus, j'accorde la même rémission de toutes ces négligences à quiconque voudra accomplir la pénitence que je t'ai imposée. » Et il ajouta : « Ah! quel doux accueil je ferais, l'année écoulée, à celui qui aurait ainsi couvert par ces actes de charité la multitude de ses

fautes. — Seigneur, demanda Gertrude, que vous
proposez-vous de lui donner? — Je ne saurais
mieux te répondre, dit Jésus, que par ces paroles :
— Je lui donnerai ce que l'œil de l'homme n'a
point vu, ce que son oreille n'entendit jamais, ce
que son cœur même ne pourrait atteindre par
ses désirs. »

III

Séparée de tout péché, libre de toute affection
désordonnée pour les créatures, Gertrude s'exer-
çait, sans repos, à la pratique du bien : l'exemption
du mal n'était, à ses yeux, qu'une pureté fort
imparfaite.

Notre-Seigneur lui-même le fit ainsi entendre
à sainte Mechtilde : Il lui apparut, assis sur
un trône élevé. Au pied de ce trône, Gertrude allait
et venait, en divers sens, mais son regard ne se
détournait pas du visage de Jésus : « Voilà,
disait Notre-Seigneur, quelle est la vie de Gertrude.
Elle marche devant moi, sans me perdre de vue
un instant; elle n'a qu'un désir : connaître le
bon plaisir de mon Cœur, et dès qu'elle l'a appris,
elle l'exécute avec un incroyable empressement
A peine a-t-elle accompli une de mes volontés,
qu'elle m'interroge pour en savoir une autre
et l'exécuter avec le même empressement ; toute

sa vie est pour ma gloire. — Mais, s'il en est ainsi, demanda Mechtilde, et que Gertrude ne détourne pas de vous son regard, d'où vient qu'elle observe si bien les manquements, les défauts des Sœurs, et attache tant d'importance à leurs fautes les moins graves? — C'est, dit Jésus, qu'ayant horreur de voir dans son âme les moindres taches, elle ne les peut souffrir chez ceux qui lui sont chers. »

Notre-Seigneur avait d'ailleurs révélé à son épouse le prix inestimable qu'ont les moindres actions quand elles sont faites pour Dieu.

Gertrude assistait à la sainte messe. Quand vint le moment de la consécration : « O Dieu, s'écria-t-elle au fond de l'âme, qu'il est grand, qu'il est inestimable, cet ouvrage de votre puissance et de votre amour! Non, ma petitesse n'ose même pas y arrêter ses regards. Je descends, je me plonge donc dans l'abîme de ma bassesse, et j'y attendrai la part qui me sera faite dans ce trésor, bien commun de tous les élus. — Il est vrai, répondit Jésus, que le grand acte de mon Sacrifice excède toute hauteur, et que le concours de l'homme n'y saurait atteindre; et cependant, si tu voulais m'offrir généreusement les bons offices de ta volonté, et te préparer à tout faire et à tout souffrir, afin que l'oblation de mon Corps et de mon Sang eût son plein effet, pour le salut des vivants et la délivrance des morts, ce grand ouvrage serait véritablement le tien, dans la mesure du concours que pourrait me prêter ton infirmité. N'as-tu pas observé, quelquefois, comment une mère, occupée à agencer un bel alliage de perles et de fils de soie, se fait aider dans ce travail délicat par son plus jeune enfant? Elle l'installe, pour cela, sur un siège élevé, et puis, lui donne à tenir tantôt un fil de soie, tantôt une perle. Ainsi, je pourrai te donner part au grand et admirable ouvrage de mon sacrifice, si tu veux accomplir parfaitement, à cette intention, tes œuvres les plus communes. »

Gertrude observa qu'une religieuse du monastère ne manquait pas, quand elle était de semaine pour cet office, de chanter le Capitule, de mémoire, observant, en cela, la règle qui prescrit de l'apprendre par cœur. Or, un jour, après le chant du Capitule, Jésus dit à la Sainte : « Tandis que la Sœur chantait, chacune des paroles qu'elle avait apprises par obéissance avait, auprès de moi, l'efficacité d'un puissant intercesseur, qui m'eût prié pour elle. »

« A l'heure de la mort, disait, à ce propos, Gertrude, en empruntant une parole de saint Bernard, l'agonisant entendra la voix de toutes ses œuvres : Tu nous as faites, lui crieront-elles, nous sommes tiennes, nous ne te quitterons pas. Avec toi, nous venons au tribunal de Dieu. Mais

alors, tous les actes d'obéissance prendront, eux
aussi, une voix pour rassurer le mourant : ils auront
l'autorité de puissants personnages, et chacun
d'eux suffira pour étouffer l'accusation d'une
négligence ou d'une faute, et l'agonisant en sera
grandement consolé dans ses angoisses. »

Gertrude filait : tandis que son cœur offrait
dévotement à Dieu ce travail, quelques légers
flocons de laine échappaient à ses doigts; or,
elle vit, à cet instant, un démon qui ramassait
jusqu'aux moindres débris de cette laine, pour
la convaincre de négligence au tribunal de Dieu.
La Sainte, attristée, invoqua Notre-Seigneur,
et Jésus, apparaissant aussitôt, chassa devant lui
le démon : « Retire-toi, lui disait-il; de quel droit
t'ingères-tu dans une œuvre dont les prémices
m'ont été offertes? »

Plusieurs pensaient que l'application continue
de Gertrude à l'oraison était le principe de son
état de langueur, ou du moins empêchait sa
guérison complète. On lui conseilla donc d'interrompre cet entretien prolongé avec Dieu. Elle
s'y prêta de bonne grâce, habituée qu'elle était
à faire grand cas de l'avis des autres, en toutes
choses. Au lieu donc de vaquer à la contemplation,
elle se distrayait à décorer de diverses manières
des images de Jésus crucifié.

Une nuit, ne pouvant dormir, elle construisait en son esprit le plan d'un sépulcre où elle pourrait, durant la Semaine Sainte, qui approchait, exposer aux regards Jésus enseveli. En ce moment, Notre-Seigneur, dont l'œil considère plus l'intention que les œuvres, dit affectueusement à Gertrude : Délecte-toi en Dieu, ma bien-aimée, et il exaucera les prières de ton cœur. » Et la Sainte comprit que Dieu trouve ses délices dans l'âme qu'il voit ainsi occupée pour son amour. Tel était le sens de la parole de Jésus : *Il exaucera les prières de ton cœur*; les désirs intimes du cœur de l'homme sont, en effet, pleinement satisfaits, dès que Dieu se complaît en lui.

« Mais, dit Gertrude à Notre-Seigneur, si tel est le prix que votre Bonté daigne attacher à ces petites occupations extérieures de vos serviteurs, de quel prix n'a donc pas été, à vos yeux, le petit poème que j'ai composé dernièrement, où toutes les scènes de votre Passion se trouvent décrites et votre amour exalté par des paroles toutes empruntées aux écrits de vos Saints? »

« Ce poème, répondit Jésus, est pour moi un jardin délicieux où me conduirait un ami, pour m'y faire jouir à la fois de la fraîcheur d'une douce brise, de l'éclat et des parfums de mille fleurs diverses, du goût varié des fruits les plus rares et des harmonies d'une musique enchanteresse.

Telles sont les joies que tu me donnes, et je te les rendrai un jour. »

Les Religieuses venaient d'arriver au chœur pour les Matines, quand une Sœur parcourut les rangs pour recommander, au nom de la Supérieure, l'observation d'un détail, dont l'oubli avait troublé l'ordre de la psalmodie. « Comment appréciez-vous, Seigneur, demanda Gertrude au Sauveur, la bonne volonté de la Sœur qui donne l'avis et des Sœurs qui le reçoivent? — Quand une âme, répondit Jésus, s'applique à prévenir, pour ma gloire, sa négligence personnelle ou la négligence des autres, dans le service divin, je la récompense, en suppléant moi-même à ce qui peut lui manquer de ferveur ou de droite intention. »

IV

Plaire à Jésus était l'intention unique de Gertrude : Jésus était l'objet, le terme de ses tendances; elle vivait pour Jésus, et sa fidélité ramenait à Jésus tous les mouvements de sa vie, avec une simplicité qu'on ne peut se lasser d'admirer. Si elle préférait les livres de sa cellule, la table sur laquelle elle écrivait, c'est qu'ils lui servaient, plus que d'autres, à connaître ou à faire aimer Jésus-Christ. Elle s'attachait de même plus vivement à un livre, dès qu'une sœur lui avait dit : « Ce livre fait du bien à mon âme. »

Bien plus, s'oubliant, pour ne plus voir que Jésus, elle considérait comme fait pour Jésus ce que l'on faisait pour elle, et se réjouissait même d'une dépense, dont ses infirmités chargeaient le monastère. C'est à Jésus qu'elle entendait accorder la nourriture, le repos, le sommeil qu'elle devait s'accorder à elle-même. Cette parole de Jésus était pour elle une grande lumière : « Tout ce que vous faites au moindre des miens, c'est à moi que vous le faites. » — Un trait montrera combien cette droiture, cette simplicité du cœur de Gertrude était agréable à Jésus-Christ :

De saintes méditations avaient chassé loin d'elle le sommeil. Accablée de lassitude et se sentant défaillir, Gertrude mangea, au milieu de la nuit, une grappe de raisin, avec l'intention de réconforter Jésus-Christ : « Maintenant, lui dit Notre-Seigneur, je puise à ton cœur un délicieux breuvage; il compense, par sa douceur, l'amertume du fiel et du vinaigre que, pour l'amour de toi, je laissai approcher de mes lèvres, sur le Calvaire. »

Or, Gertrude avait jeté sur le plancher de la cellule les pellicules et les pépins du raisin. Elle vit le démon chercher à relever une des pellicules, comme pour l'accuser et la convaincre, au tribunal de Dieu, d'avoir mangé, contre la règle, avant les Matines. Mais à peine y eut-il touché, que ses doigts furent brûlés, et il prit la fuite, en poussant des hurlements affreux. Gertrude observa que, dans sa course précipitée, Satan préservait soigneusement ses pieds du contact des pellicules et des pépins brûlants.

Jésus encourageait la fidélité de Gertrude par d'autres leçons de sa charité. Il lui disait la jalousie de son amour pour elle.

Troublée, un jour, en voyant une âme répondre par le mépris et l'ingratitude à ses efforts pour la sauver, Gertrude recourut à Jésus : « C'est moi, lui dit l'aimable Seigneur, qui ai permis ce qui t'afflige. Je ne veux pas que tu trouves consolation, joie pleine dans tes amis, et je permets qu'ils te rebutent, afin de te contraindre à venir à moi et à demeurer près de moi. Quand une mère a un enfant, encore tout petit, et tellement aimé, qu'elle désire l'avoir toujours près d'elle; si l'enfant essaie de s'éloigner, pour se mêler aux jeux d'autres enfants, la mère l'en détourne en lui parlant de revenants ou de monstres, qu'il rencontrerait de ce côté, ou bien elle y place d'avance un objet dont l'aspect effraie l'enfant. Ainsi je veux agir, afin de te garder près de moi. »

Ces confidences de l'amour de Jésus ne permettaient pas à Gertrude de reposer son cœur dans de vains entretiens. Ils lui pesaient, au contraire, et, dès que la charité ne la retenait plus, elle courait retrouver plus intimement Jésus dans la solitude ou dans l'oraison. Agenouillée devant un crucifix, elle disait : « Me voici, mon Maître : l'entretien des créatures ennuie mon âme, elle ne se plaît qu'en votre compagnie. Je dis donc adieu à toute créature, et je viens à vous, ô le souverain bien, ô l'unique joie de mon cœur et de mon âme. »

Baisant alors, sur le crucifix, les cinq plaies de Jésus, Gertrude disait, à chaque plaie : « Je vous salue, Jésus, époux orné de vos plaies comme d'autant de fleurs; je vous salue et vous embrasse, avec un amour qui réunirait tous les amours; avec la complaisance de votre divinité elle-même, et dans cet esprit, je baise votre plaie d'amour. »

Gertrude pratiquait, depuis longtemps, ce pieux exercice, quand Notre-Seigneur lui dit : « Chaque fois que tu agis ainsi, je médite en mon cœur comment, dans le ciel, je pourrai te rendre au centuple les joies que tu me donnes sur la terre. »

La droiture d'intention, la simplicité ne sont que des aspects ou des actes de la pureté de

cœur, et celle-ci, quand elle est parfaite, produit la liberté. — Un ami de notre Sainte demandait à Jésus-Christ, dans l'oraison : « Quelle disposition vous plaît davantage dans l'âme de
Gertrude? — C'est, répondit Jésus, la liberté
de cœur. Elle ne permet pas à son cœur de s'attacher à rien qui puisse la détourner de moi ;
de là viennent les progrès qu'elle fait dans la voie
de la sainteté : c'est la liberté de cœur qui rend,
tous les jours, plus parfaite sa charité. »

CHAPITRE VIII

L'amour confiant du cœur de Gertrude.

Tous les Saints ont aimé Jésus-Christ : l'amour de Jésus-Christ est le terme de la sainteté; mais cet amour n'a pas les mêmes caractères dans le cœur de tous les Saints : le caractère le plus saillant de l'amour de Gertrude, c'est la confiance. Elle semble avoir mieux entendu que d'autres ces paroles de Jésus : « Sachez-le, c'est moi qui vous l'enseigne, je suis doux. N'ayez pas peur : confiance! C'est moi[1]. »

I

« Tous les biens que j'ai reçus, disait-elle, je les dois à la confiance que j'ai eue dans la bonté gratuite de mon Dieu. » Notre-Seigneur lui-même, reprochant à une sainte âme les hésitations de ses prières : « Oh! lui disait-il, que ne ressembles-tu à ma bien-aimée Gertrude : il n'est rien qu'elle

1. S. Math., xi, 29; S. Luc, xxxiv, 36; S. Math., ix, 22; S. Marc, vi, 50.

n'espère de ma bonté : aussi, ma bonté ne lui refusera jamais rien. »

Retenue dans sa cellule par la maladie, Gertrude s'affligeait de ne pouvoir assister à la messe : « O mon très aimant Jésus, disait-elle, je ne puis m'en prendre qu'à vous, si je suis empêchée, aujourd'hui, de me préparer à la communion, par l'assistance à la messe. — Puisque tu me mets en cause, répondit Jésus, me voici : écoute-moi donc, je vais te chanter un doux épithalame.

« Entends-le bien, c'est moi qui te le dis, je t'ai racheté de mon Sang, j'ai travaillé pour toi sur cette terre d'exil, pendant trente-trois ans : c'étaient mes premières démarches pour obtenir ta main. Médite ces paroles : elles te tiendront lieu de la première partie de la messe.

« C'est moi qui te le dis, écoute : tandis que mon corps travaillait pour toi, pendant trente-trois ans, mon âme célébrait, dans des transports de joie, les heureuses fiançailles qu'elle devait contracter avec toi. Cette pensée te tiendra lieu de la seconde partie de la messe.

« Apprends-le encore de moi, ma Divinité s'est répandue en toi : c'est elle qui, par sa vertu toute-puissante, mêle des douceurs toutes célestes à l'amertume de tes douleurs corporelles. Ce sera pour toi, comme la troisième partie de la messe.

« Une fois de plus, écoute : mon amour t'a sanctifiée : reconnais donc qu'aucun des biens que tu possèdes ne vient de toi : si tu plais à Dieu, c'est grâce à moi. Ce sera comme une quatrième partie de la messe.

« Enfin, je t'adresse un dernier mot : je t'ai exaltée, en t'unissant à moi, et toute puissance m'ayant été donnée, au ciel et sur la terre, rien, tu le comprends, ne saurait m'empêcher de t'exalter à mon gré. Tu es donc Reine, puisque le Roi t'élève jusqu'à son trône, et ta dignité doit être révérée.

« Et maintenant réjouis-toi, et ne regrette plus de n'avoir pas eu de messe. »

Au moment de l'Offertoire, le prêtre disait : « Souvenez-vous, ô Vierge Mère, de plaider pour nous auprès de Jésus-Christ. » Gertrude éleva aussitôt son cœur vers la Mère de toute grâce; mais Notre-Seigneur lui dit :

« En ce moment, il n'est pas besoin qu'on intercède pour vous : je me sens tout disposé à vous faire du bien. » Gertrude se souvenant alors de plusieurs fautes, qu'elle voyait en elle-même, ou dont elle avait dû reprendre ses Sœurs, ne pouvait s'expliquer la parole si bienveillante du Sauveur :

« La naturelle bonté de mon Cœur, dit Jésus,

m'incline à arrêter mes regards sur ce qu'il y a de meilleur en vous : j'environne ces biens du rempart de ma divinité, et je mets à l'écart le mal qui s'y pourrait mêler.

— O très libéral Seigneur, reprit Gertrude, comment se peut-il faire que vous m'adressaiez de si douces paroles, à moi qui mérite si peu de les entendre?

— Mon amour m'y contraint, répondit Jésus.

— Je regarde en mon âme, poursuivit Gertrude, et je n'y vois plus les taches de ces fautes d'impatience, dont je m'étais rendue coupable?

— Le feu de ma Divinité, dit Jésus, les a toutes consumées

— O Dieu très clément, pardonnez à ma témérité; mais vous m'avez si souvent enhardie à vous dire mes pensées, que j'oserai vous demander si, après un tel pardon, j'aurai encore à expier ces fautes en Purgatoire? »

Jésus se taisait, mais son visage était souriant.

« Oh! dit Gertrude, si la gloire de votre justice l'exige, bien volontiers je m'offre à expier ces péchés dans les feux même de l'enfer; mais s'il est plus glorieux pour votre miséricorde que la charité de votre Cœur les consume entièrement, je sollicite d'elle cette grâce; j'ose dire, avec une extrême liberté de parole, que je l'exige : effacez toutes les taches de mon âme! »

Et Jésus, avec une bénignité toute divine, y consentit.

En toutes choses, elle recourait à Jésus, comme un enfant va à sa mère. Aucune de ses peines ne lui semblait trop petite pour attirer le regard du très doux Jésus. — Elle avait laissé tomber une aiguille dans un amas de paille : « Eh! Jésus, dit-elle, j'aurai beau chercher, ce sera temps perdu : je ne la retrouverai pas; faites-la moi trouver vous-même. » Aussitôt elle étendit la main, détournant les yeux d'un autre côté, et l'aiguille se trouva sous ses doigts.

Elle donnait à Jésus les titres les plus affectueux, et Jésus encourageait cette confiance, que son Cœur de frère a tant désirée : « Moi, qui ne suis qu'une vile petite créature, disait Gertrude à Jésus, je vous salue, très amoureux Seigneur. — Et moi, répondit aussitôt Jésus, je te salue, ma très aimante épouse. » Notre-Seigneur lui fit entendre, à cette occasion, que son Cœur est très sensible à ces tendres appels : *mon bien aimé, très doux Jésus*, et autres semblables, quand ils partent d'un cœur pieux.

Gertrude entendait chanter ces paroles du Psaume : *Comme le cerf désire les eaux vives, ainsi mon âme vous désire, ô mon Dieu!* « Ah!

Jésus, dit-elle, que ma tiédeur est grande, et qu'il est rare que je puisse dire avec vérité : *Mon âme a soif de vous!* »

« Garde-toi cependant, répondit Jésus, de ne le dire que rarement : redis-le souvent, au contraire, car telle est la tendresse de mon amour pour les hommes, que lorsqu'un de mes élus désire un bien quelconque, je lui sais gré de son désir, comme si j'en étais l'objet; car le bien qu'il désire est en moi, et c'est de moi que tout bien découle. Ainsi, quand un de mes amis désire la santé, la tranquillité, le bien-être, la science et autres biens semblables, je me considère comme l'objet même de son désir, afin d'avoir un motif, un prétexte d'augmenter ses mérites et sa récompense, à moins qu'il ne viciât son désir par une intention coupable; comme s'il voulait la santé pour faire le mal, la science pour en tirer vanité.

« De là vient, poursuivit Jésus, que j'envoie souvent à mes élus de graves infirmités corporelles, des désolations d'esprit, des peines de tout genre. Ils désirent alors échapper à ces maux, recouvrer les biens contraires, et mon Cœur brûlant d'amour, jaloux de les enrichir toujours davantage, trouve dans ces désirs l'occasion de contenter sa libéralité, selon les lois de la justice.

« D'autres fois encore, ne trouvant dans l'homme rien qui puisse me plaire, je lui envoie des tribulations, des douleurs de corps et d'esprit; et ces peines me fournissent alors un motif légitime de demeurer près de lui; car, selon la parole de l'Écriture, l'inclination de ma bonté m'amène et retient près de ceux dont le cœur est affligé.

La confiance qu'elle avait en Jésus ne lui permettait pas de redouter la mort :

Gravissant un jour une pente raide, Gertrude se laissa choir. En se relevant elle disait gaiement : « Quel bonheur mon très aimable Jésus, si cette chute m'avait promptement amenée jusqu'à vous! » — Les témoins s'étonnèrent : « Quoi! demandèrent-ils, vous n'appréhenderiez donc pas de mourir sans sacrements? — Je désire de tout mon cœur, répondit Gertrude, recevoir les sacrements avant de mourir; mais je préfère aux sacrements la providence et la volonté de mon Maître : et puis, que je meure lentement ou subitement, j'ai confiance que sa miséricorde ne me fera pas défaut. »

II

L'auteur contemporain de la vie de Gertrude signale, comme un des actes les plus admirables de sa confiance en Jésus-Christ, la fréquence de ses communions et le soin qu'elle avait de rejeter

toutes les impressions de crainte ou de respect
exagérées qui l'eussent éloignée de la Table
eucharistique. Rien de ce qu'elle put lire ou
entendre, sur le danger des communions mal faites,
ne l'impressionna assez pour lui en faire omettre
une seule. De tels livres ou de tels discours ani-
maient, au contraire, sa confiance : comptant sur
la bonté de Jésus-Christ, elle allait communier
sans crainte, et s'efforçait d'inspirer aux autres
cette hardiesse confiante :

« L'humilité, leur disait-elle, doit vous contraindre de communier : que sont, je vous le
demande, les plus longues, les plus laborieuses
préparations que vous voudriez apporter à la
communion? Vous les compterez pour rien,
si vous songez à la grandeur du don de Jésus
Christ : c'est un don gratuit. Ce que vous donnez
ne peut, du moins, être qu'une goutte d'eau
comparée à l'Océan. Préparez-vous dévotement;
mais si votre préparation vous semble insuffisante,
marchez sans crainte, appuyées sur la bonté de
Jésus. »

Souvent même, Gertrude usa de son autorité
de supérieure pour amener à la Table sainte
des Sœurs trop craintives :

Un jour, elle en eut un scrupule, pensant
avoir, en cela, dépassé les limites de ses droits
ou manqué de discrétion : « Ne crains rien, lui

dit Jésus, et afin de te rassurer pour l'avenir, je te promets de ne jamais permettre que tes conseils ou tes ordres soient l'occasion d'une communion mal faite. J'embrasserai avec amour toutes les âmes que tu feras venir à moi. »

On rencontre partout, dans les écrits de Gertrude, des faits semblables, qui démontrent combien sa confiance était agréable à Jésus. Nous en citerons quelques-uns. Le lecteur y trouvera pleinement justifiée la doctrine des grands théologiens et des saints. Ils enseignent que la communion est permise à tous les chrétiens en état de grâce; que l'exemption du péché mortel suffit pour que la communion soit profitable; que l'humilité et la confiance suppléent à des dispositions, en apparence, plus parfaites; que la communion, en un mot, est le remède des pécheurs, la nourriture des faibles, c'est-à-dire de tous, et non la récompense des saints[1].

1. Plusieurs directeurs opposent aux âmes qui désirent communier fréquemment les paroles suivantes de saint François de Sales : « Pour communier tous les huit jours, il est requis de n'avoir ni péché mortel ni aucune affection au péché (véniel), et d'avoir un grand désir de communier. » — Saint François de Sales donnait, dans ces lignes, la traduction d'un passage des écrits de Gennade, qu'il attribuait à saint Augustin, par une erreur commune de son temps. Un saint, dont l'autorité, surtout en ces matières, a une valeur au moins aussi grande que celle de saint François de Sales, saint Alphonse de Liguori, écrivait, à la fin du dernier siècle : « Si le B. François de Sales, qui conseillait tant la communion fréquente, avait

Près d'aller communier, Gertrude dit à Jésus :
« Seigneur, que me donnerez-vous? — Je me
donnerai moi-même à toi, comme je me suis
donné à ma Mère. — Hier, poursuivit la Sainte,
les Sœurs vous reçurent avec moi; aujourd'hui,
elles se privent de la communion : qu'aurai-je
de plus qu'elles, puisque vous vous donnez
toujours tout entier? — Dans le monde, reprit

vu que ce sentiment n'était pas celui de saint Augustin,
mais de Gennade, son adversaire, il est fort à croire qu'il
n'en aurait pas tenu compte. » — Saint Thomas d'Aquin
avait attribué ce même texte à saint Augustin, mais il
n'exclut de la communion que celui qui porterait à la
Table sainte ou le péché mortel déjà commis, ou la *volonté*
de commettre un péché *mortel*; c'est ainsi qu'il interprète
les paroles de Gennade : *Si mens in affectu peccandi non sit.*
— Voici les paroles de saint Thomas (in I ad Cor., 2 lect.
7) : « *Tertio modo dicitur aliquis indignus, ex eo quod
cum voluntate peccandi mortaliter accedit ad Eucharistiam :
inde in libro de Dogmat. Eccles, dicitur : Si mens in affectu
peccandi non sit.* »

Comment, d'ailleurs, le sentiment de saint François
de Sales pourrait-il se concilier avec la doctrine universel-
lement admise, et que saint Thomas formule en ces termes?
La présence des péchés véniels dans l'âme est un obstacle
aux impressions de dévotion sensible que le Sacrement
produit d'ordinaire; mais cela n'empêche pas l'accrois-
sement de la grâce sanctifiante ou de charité, qui est
le fruit principal du sacrement.

Enfin, les directeurs se souviendront utilement que
la rechute fréquente dans certains péchés mortels ne
peut, le plus souvent, être arrêtée ou diminuée que par
des communions très fréquentes : c'est ce qu'enseignent,
entre autres, saint Liguori, le cardinal Tolet et le cardinal de Lugo, trois théologiens de premier ordre :

« La vertu de rafraîchir n'est pas plus naturelle à l'eau,
dit le B. Albert le Grand, que celle de modérer les ardeurs
de la concupiscence ne l'est au sacrement de l'autel. »

Jésus, le gouverneur qui, deux fois, a été chargé de ses hautes fonctions, a la préséance sur celui qui n'a été élu qu'une fois : comment ne serait-il pas plus glorieux dans le ciel celui qui, plus souvent, m'aura reçu sur la terre? — Oh! s'écria Gertrude, qu'elle sera donc grande la gloire des prêtres, qui communient tous les jours. — Il est vrai, dit Jésus, que leur gloire sera grande, s'ils communient dignement. Mais la communion ne donne pas toujours la joie intime, comme elle produit la gloire. Celui qui communie par habitude, ne ressent pas la saveur de l'Eucharistie; tandis que celui qui s'y prépare par de pieux exercices, la ressent dans la mesure de ses dispositions. Enfin, celui qui me reçoit avec crainte et révérence est bien moins accueilli que celui qui vient à moi par amour. »

« Vous m'avez si souvent donné votre Cœur divin, ô mon très doux Ami, que gagnerai-je à le recevoir, aujourd'hui, une fois de plus? » Ainsi parlait Gertrude, après avoir communié. Jésus répondit : « La foi catholique t'enseigne qu'en communiant une seule fois, le chrétien me reçoit pour son salut, avec tous mes biens, c'est-à-dire avec les trésors réunis de ma divinité et de mon humanité; mais il ne s'approprie l'abondance de ses trésors que par des communions successives. A chaque nouvelle communion

j'accrois, je multiplie les richesses qui doivent
faire son bonheur dans le ciel. »

Parmi ceux qui dirigeaient le monastère, il
se trouvait un homme dont les sentiments, au
sujet de la communion, étaient inspirés plus
par le zèle de la justice que par l'esprit de miséricorde. A l'entendre, plusieurs Sœurs n'avaient
pas la dévotion requise pour communier fréquemment, ou ne se préparaient pas à la communion
avec un soin convenable. Il exprimait ses pensées
dans des instructions publiques; de sorte que,
bientôt, il réussit à rendre les religieuses moins
confiantes. Gertrude s'en affligeait, et priant, un
jour, pour le directeur austère, elle demanda à
Jésus : « Seigneur, que pensez-vous de sa conduite? »
Voici quelle fut la réponse de Jésus-Christ :
« Mes délices sont d'être avec les enfants des
hommes. Pour contenter mon amour, j'ai institué ce sacrement; je me suis obligé à y demeurer
jusqu'à la fin du monde, et j'ai voulu qu'on
le reçut fréquemment. Si donc quelqu'un, soit
par des instructions publiques, soit par des
conseils secrets, éloigne de la communion une âme
qui n'est pas en péché mortel, celui-là empêche
ou interrompt les délices de mon Cœur. Si un
jeune prince se plaisait grandement à converser,
à jouer avec des enfants pauvres et de basse
condition, ne serait-il pas vivement contrarié

que son précepteur vînt durement le reprendre, et chasser les pauvres villageois, sous le prétexte que la dignité d'un jeune prince ne permet pas de tels jeux, en compagnie de telles gens? »

« Seigneur, dit la Sainte à Jésus-Christ, si la personne, au sujet de laquelle je vous ai interrogé, changeait de sentiment et de conduite, ne lui pardonneriez-vous pas tous les torts qu'elle a eus jusqu'à ce jour? — Non seulement je lui pardonnerais, répondit Jésus, mais je lui saurais gré de ce changement, comme le jeune prince au précepteur, si, revenu de son austérité première, il ramenait lui-même à son disciple les compagnons de ses jeux et les invitait gracieusement à s'amuser avec leur prince. »

L'heure de communier était venue; Gertrude se trouvait pourtant moins bien disposée que de coutume : « O mon âme, se dit-elle, voici ton Époux qui vient, et tu es sans parure; mais aie confiance en Lui : quand tu aurais mille ans pour te disposer, tu ne ferais rien qui pût te rendre digne d'une aussi grande faveur; va donc au devant de Jésus avec humilité et confiance. » Or, comme elle avançait vers la Sainte Table, les yeux arrêtés sur les misères de son âme, Jésus vint à elle et lui donna toutes ses propres vertus : son innocence, l'humilité qui l'incline vers nous, le désir qui le presse de s'unir à nous,

son amour, la joie qu'il goûte en nous dans la
communion, la confiance admirable qui le porte
à se livrer à nous et à demander à notre misère
les délices de son Cœur. Ces vertus ou sentiments
de Jésus étaient montrés à Gertrude sous l'image
de vêtements de couleurs diverses et d'une incomparable richesse, et ces vêtements devenaient
sa royale parure aux yeux de Jésus-Christ.

A la suite d'un sermon long et terrible, sur la
crainte qu'il fallait avoir de la sainteté et de la
justice de Dieu, en approchant des sacrements,
Jésus dit à Gertrude : « J'ai tout fait, au contraire, pour manifester dans l'Eucharistie la
tendresse de ma bonté. Si l'on refuse de méditer,
pour considérer combien je suis doux, l'on pourrait du moins ouvrir les yeux et remarquer
comment je m'emprisonne dans un petit ciboire,
et sous quelle humble apparence je m'avance
vers l'homme. Ainsi, dans l'Eucharistie, ma
miséricorde emprisonne pleinement ma justice,
et c'est ma miséricorde que je prétends manifester
aux hommes dans ce sacrement.

« Ne voit-on pas aussi que, me réduisant,
en quelque manière, aux proportions minimes de
l'hostie, je subordonne mon Corps, ainsi humilié,
au corps de l'homme qui me reçoit; et cette
subordination n'est encore que l'image de celle
qui me soumet à la volonté du communiant?

« Pourquoi ne pas écouter l'enseignement que donne la seule vue du prêtre? il est tout entier revêtu d'ornements sacrés; mais il tient mon Corps dans sa main nue, pour faire entendre que si l'on peut, avec raison, se préparer à la communion par des prières, des jeûnes, des veilles et autres exercices, cependant je m'incline avec une compassion bien plus tendre, dans la communion, vers ceux qui, dépourvus de ces ornements, viennent à ma miséricorde, conduits par le vif sentiment de leur indigence et de leur fragilité. Telle est ma bénignité; mais il s'en trouve qui ne le peuvent croire. »

Gertrude ne s'était point préparée à la communion; l'heure approchait : « Hélas! Jésus, dit-elle, je ne suis pas bien disposée. Pourquoi, puisque vous le pouviez faire, n'avez-vous pas suppléé à mon dénûment? — Un époux, répondit Jésus, n'aime-t-il pas mieux, quelquefois, considérer la main blanche et délicate de son épouse, que de la voir enveloppée dans un gant? Ainsi, je me complais souvent davantage dans l'humilité du communiant que dans sa dévotion. »

Jésus n'approuve même pas que l'on s'éloigne toujours de la communion, par crainte de scandaliser les témoins d'une faute récemment commise.

Une Sœur s'était abstenue de communier, pour ce motif; Gertrude priait pour elle, et

Jésus lui donna l'instruction suivante : « La
faute de cette âme lui eût servi : son humiliation
et sa confession l'avaient effacée, et avec elle
plusieurs autres, comme il arrive qu'en lavant
les mains, pour faire disparaître une tache,
plusieurs autres sont enlevées. Elle eût dû communier, contente de savoir que j'avais rendu à son
âme sa beauté intérieure; mais elle s'est préoccupée
de sa beauté extérieure, c'est-à-dire de ce que l'on
penserait en la voyant communier si tôt après sa
faute, et elle a plus redouté d'être jugée par les
hommes que de se priver de la grâce du Sacrement. »

« Ces fruits du Sacrement sont immenses,
disait encore Jésus-Christ à Gertrude. La communion compense toutes les pertes spirituelles
de l'âme, pourvu qu'elle soit reçue *en état de
grâce*. Oui, lorsque, entraîné par la véhémence
de l'amour de mon Cœur, je viens, par la communion, dans une âme *qui n'a pas de péché
mortel*, je la comble de biens elle-même, et tous
les habitants du ciel, tous les habitants de la
terre, toutes les âmes du purgatoire, ressentent
quelque nouvel effet de ma bonté. »

Une seule parole moins suave se mêle, dans
les écrits de Gertrude, à tant de douces invita-
tions du Cœur de Jésus-Christ. Elle s'adresse

à ceux qui, permettant à leur langue des paroles médisantes ou peu modestes, vont communier sans expier, par la confession, des injures faites aux deux vertus les plus chères à Jésus, la charité et la pureté : « Ceux-là, disait Notre-Seigneur, me font un cruel accueil dans la communion. Ils ressemblent à un homme qui, voyant arriver un hôte au seuil de sa maison, ferait tomber sur sa tête une lourde poutre ou un amas de pierres. C'est l'outrage que je ressens dès que mon Corps atteint leur langue. » Ici, Gertrude, le cœur percé de douleur, s'écria : « O cruauté de l'homme! Comment peut-il ainsi traiter Celui qui se précipite avec tant d'amour vers son âme, pour l'embrasser et la sauver! »

III

Au culte de l'Eucharistie s'unit toujours, chez les Saints, la dévotion à la Passion du Sauveur. Le cœur de Gertrude n'oublia jamais les souffrances de Jésus. Le crucifix était le livre où elle lisait, assidûment, et ces douleurs et l'amour qui les avait embrassées pour nous.

Dès les premiers temps de sa conversion, elle désirait ardemment posséder un crucifix qu'elle pût honorer à son gré; mais il lui vint la pensée que cette dévotion extérieure nuirait, peut-être, à ses exercices intérieurs. Jésus la rassura : « Il m'est très agréable, au contraire, lui dit-il, de voir honorer ainsi le crucifix. C'est toujours par l'effet d'une grâce divine que les yeux de l'homme rencontrent l'image de la Croix; et ils ne s'y arrêtent pas une fois que l'âme n'en ressente de salutaires impressions. »

Un jour, que Gertrude tenait affectueusement et baisait son crucifix, Notre-Seigneur lui dit : « Chaque fois que l'homme agit ainsi, ou regarde seulement avec dévotion un crucifix, la miséricorde de Dieu arrête les yeux de son âme. L'homme devrait alors penser, en son cœur, que ces tendres paroles lui sont adressées : « Voilà comment, pour ton amour, j'ai voulu être attaché nu, défiguré, couvert de plaies, tous les membres violemment tendus, sur une croix; et mon Cœur est si passionnément amoureux de toi, que, s'il le fallait, pour te sauver, je supporterais encore volontiers, pour toi seul, tout ce que j'ai pu souffrir pour le salut du monde entier. »

Le crucifix rappelait incessamment à Gertrude les mystères douloureux de l'amour de Jésus; la nuit même, ce bouquet de myrrhe, comme elle appelait l'image de la Croix, ne quittait pas ses mains; et cependant, peu satisfaite de ces hommages, elle consacrait le vendredi, tout entier, à la méditation des douleurs de Jésus.

Notre-Seigneur exprima, plus d'une fois, à Gertrude combien cette dévotion lui était agréable : « Pour tant qu'une âme soit tiède, lui disait-il, je la regarderai cependant avec beaucoup d'amour, si elle médite quelquefois ma Passion. Cet exercice a une valeur qui dépasse, incomparablement, à mes yeux, le mérite de tous les autres. Méditer un peu sur ma Passion vaut mieux que d'accomplir d'autres longs et multiples actes de piété, auxquels ne se mêle pas le souvenir de mes douleurs et de ma mort. »

IV

Dévote à l'Eucharistie et à la Passion du Sauveur, Gertrude ramenait cependant tous les actes de son culte d'amour envers Jésus-Christ à une dévotion plus intime et qui les contient éminemment toutes, sa dévotion au Cœur de Jésus. Jésus est, en effet, tout entier, dans son Cœur : là, Gertrude trouvait, à leur source demeurée inépuisable, les dons de l'amour de Jésus; là, elle découvrait l'abîme de ses plus cruelles douleurs.

La Bienheureuse Marguerite-Marie recevait de Jésus, en 1674, la mission de dire au monde

l'amour et les plaintes de son Cœur; mais, quatre
siècles auparavant, Gertrude avait reçu de Jésus
l'ordre d'écrire le livre qui révèle tout son Cœur.
Dès lors, elle fut, et ce livre l'établit encore pour
tous les siècles, la confidente la plus intime,
l'évangéliste, entre toutes bien-aimée, du Cœur
de Jésus.

Le jour de la fête de saint Jean, le disciple que
Jésus aimait fut montré à Gertrude dans l'éclat
d'une gloire incomparable : « Mon très amoureux
Seigneur, dit la Sainte à Jésus-Christ, d'où vient
que vous me présentez à moi, indigne créature,
votre disciple le plus cher? — Je veux, répondit
Jésus, établir, entre lui et toi, une amitié intime;
il sera désormais, dans le ciel, ton protecteur
fidèle. »

S'adressant alors à Gertrude, Jean lui disait :
« Épouse de mon Maître, venez ; ensemble repo-
sons notre tête sur la très douce poitrine du
Seigneur; en Elle sont enfermés tous les trésors
du ciel. » Or, comme la tête de Gertrude était
inclinée à la droite, et la tête de Jean à la gauche
de la poitrine de Jésus, le Disciple bien-aimé poursuivit : « C'est ici le Saint des Saints; tous les biens
de la terre et du ciel y sont attirés comme vers leur
centre. »

Cependant, les battements du Cœur de Jésus
ravissaient l'âme de Gertrude : « Bien-aimé du

Seigneur, demanda-t-elle à saint Jean, ces battements harmonieux, qui réjouissent mon âme, réjouirent-ils la vôtre, quand vous reposâtes durant la Cène sur la poitrine du Sauveur? — Oui, je les entendis, et leur suavité pénétra mon âme jusqu'aux moelles. — D'où vient donc que dans votre Évangile vous avez à peine laissé entrevoir les secrets amoureux du Cœur de Jésus-Christ? — Mon ministère, dans ces premiers temps de l'Église, répondit l'Apôtre bien-aimé, devait se borner à dire sur le Verbe incréé, Fils éternel du Père, quelques paroles fécondes, que l'intelligence des hommes pût toujours méditer, sans en épuiser jamais les richesses; mais aux derniers temps était réservée la grâce d'entendre la voix éloquente des battements du Cœur de Jésus. A cette voix, le monde vieilli rajeunira; il sortira de sa torpeur, et la chaleur de l'amour divin l'enflammera encore. »

En un autre endroit de son livre, Gertrude nous fait entendre comme un écho de ces battements éloquents du Cœur de Jésus-Christ.

La Sainte voyait ses compagnes se hâter d'aller à l'église, pour assister au sermon, et la maladie la retenait dans sa cellule : « Ah! mon très cher Seigneur, dit-elle en gémissant, comme j'irais de bon cœur au sermon, si je n'étais malade — Veux-tu, ma bien-aimée, répondit Notre-Seigneur, veux tu que je te prêche moi-même?

— Très volontiers », reprit Gertrude. Alors Jésus inclina l'âme de Gertrude vers son Cœur, et elle y discerna bientôt deux battements très doux à entendre : « L'un de ces battements, dit Jésus, opère le salut des pécheurs, le second, la sanctification des justes.

« Le premier parle sans relâche à mon Père, afin d'apaiser sa justice et d'attirer sa miséricorde. Par ce même battement, je parle à tous les Saints, excusant auprès d'eux les pécheurs, avec l'indulgence et le zèle d'un bon frère, et les pressant d'intercéder pour eux. Ce même battement est l'incessant appel que j'adresse miséricordieusement au pécheur lui-même, avec un indicible désir de le voir retourner à moi, qui ne me lasse pas de l'attendre.

« Par le second battement, je dis continuellement à mon Père combien je me félicite d'avoir donné mon sang pour racheter tant de justes, dans le cœur desquels je goûte des joies multiples. J'invite la cour céleste à admirer avec toi la vie de ces âmes parfaites, et à rendre grâces à Dieu, pour tous les biens qu'il leur a déjà donnés ou qu'il leur prépare. Enfin, ce battement de mon Cœur est l'entretien habituel et familier que j'ai avec les justes, soit pour leur témoigner délicieusement mon amour, soit pour les reprendre de leurs fautes et les faire progresser, de jour en jour, d'heure en heure.

« Aucune occupation extérieure, aucune distraction de la vue, de l'ouïe, n'interrompent les battements du cœur de l'homme; ainsi, le gouvernement providentiel de l'univers ne saurait, jusqu'à la fin des siècles, arrêter, interrompre, ralentir, même pour un instant, ces deux battements de mon Cœur... »

<h2 style="text-align:center">V</h2>

C'était par ces révélations de son amour et par mille autres semblables, que Jésus avait accoutumé Gertrude à compter sur Lui comme un enfant compte sur sa mère.

Toute languissante et sans forces, Gertrude disait à Jésus : « Eh! mon Maître, que deviendrai-je? Que ferez-vous de moi? — Comme une mère console ses fils, répondit Jésus, ainsi je te consolerai. N'as-tu pas vu, quelquefois, ajouta Notre-Seigneur, une mère caresser son enfant? » Gertrude se taisait; elle ne se souvenait pas de l'avoir vu. Notre-Seigneur alors lui rappela que, cette année même, elle avait, une fois, rencontré une mère qui caressait son fils, et il lui remit en mémoire trois choses qu'elle avait vues, à cette occasion, sans cependant y arrêter sa pensée :

« Et d'abord, disait Jésus, tu vis que la mère

invitait, à plusieurs reprises, le petit enfant à l'embrasser, et l'enfant ne put répondre à cette invitation qu'en faisant effort pour s'élever jusqu'au visage de sa mère. Ainsi, tu ne pourras qu'en te faisant violence arriver, par la contemplation, à goûter la douceur de mon amour.

« Tu remarquas ensuite que la mère provoquait et tenait en éveil la volonté de l'enfant en lui disant : Veux-tu ceci ? et puis : Veux-tu cela ? sans pourtant lui donner aucune des choses qu'elle semblait lui offrir. Ainsi, Dieu tente quelquefois les hommes en proposant à leur acceptation des peines, des épreuves auxquelles il ne veut pas cependant les soumettre ; cette acceptation, néanmoins, suffit à Dieu, et elle rend l'homme digne des récompenses éternelles.

« Enfin, tu as pu observer qu'aucun des témoins ne comprit le langage de l'enfant ; seule, la mère entendit ce que voulaient dire les mouvements de ses petites mains, ou les sons inarticulés de sa voix. Ainsi, Dieu seul voit et comprend l'intention de l'homme dans ses œuvres, d'après elle, il le juge, et ses jugements sont bien différents de ceux des hommes, qui ne voient que l'extérieur. »

Une nuit, Gertrude savourait, en songe, les délices d'un festin céleste. Quand elle fut réveillée,

elle dit à Notre-Seigneur, en lui rendant grâces :
« Pourquoi, Jésus, me consoler ainsi, moi qui ne
mérite aucun de vos dons, alors que tant d'autres
sont tourmentés par des songes effrayants! —
C'est ma Providence paternelle qui permet ces
troubles de leurs âmes durant le sommeil. Quand
un de mes amis ne contrarie en rien, durant le
jour, les convoitises naturelles des sens, et se prive
ainsi lui-même des biens célestes, je lui envoie,
durant la nuit, des peines d'esprit, des terreurs,
afin que ces souffrances lui fassent acquérir quelques mérites. — Mais, Seigneur, dit Gertrude,
de quel mérite peuvent être, à vos yeux, des
souffrances qu'aucune droite intention ne rapporte
à votre service, et auxquelles la volonté répugne?
—Ma bénignité, répondit Jésus, en retire encore,
pour eux, quelque profit; et bien qu'une parure
d'or et de diamants soit préférable, que de gens
s'estiment heureux cependant de porter, à défaut
d'autres, des bijoux de cristal et de cuivre! »

Gertrude se demandait : Quelle des lumières
surnaturelles qu'il a plu à Dieu de me donner
pourrais-je plus utilement communiquer aux
âmes, pour leur édification? Notre-Seigneur
répondit à sa pensée : « L'homme devrait toujours se souvenir que moi, le Fils de la Vierge,
je suis incessamment occupé à plaider, auprès
de mon Père, la cause du genre humain. Et

voici comment j'apaise sa justice : Quand c'est
au cœur de l'homme que le mal pénètre, j'offre
à mon Père, en expiation, mon Cœur immaculé.
Si le mal est dans leurs œuvres, je présente à mon
Père mes mains transpercées, et j'oppose ainsi,
de diverses manières, mon innocence aux péchés
de mes frères, afin que, s'ils le veulent, ils puissent
aisément en obtenir le pardon. Je voudrais que mes
élus, chaque fois que ce pardon leur est donné, se
souvinssent, avec action de grâces, qu'ils doivent
à mon intervention miséricordieuse une aussi
prompte rémission de leurs fautes. »

Se jugeant indigne d'aller à la Table sainte,
Gertrude conjura la bienheureuse Vierge et tous
les Saints de lui donner part aux dispositions
parfaites qui les avaient préparés eux-mêmes
aux faveurs de Dieu. Elle pria, en outre, Jésus
d'offrir pour elle à son divin Père la perfection
des sentiments de son Cœur, à l'heure où son
humanité pénétra dans le Ciel, pour y recevoir
la parure de ses gloires éternelles.

La prière achevée, Gertrude se demandait, avec
une certaine hésitation d'esprit, si sa demande
serait bien accueillie et dans quelle mesure la
miséricorde divine l'exaucerait. « Pourquoi man-
ques-tu de confiance? lui dit alors Jésus : l'effet
de ta prière est que tu apparais aux yeux du Ciel
entier ornée selon tes désirs. Quand un ami, sur

la terre, peut prêter à son ami indigent un vêtement qui lui permette de paraître honorablement
avec lui, ne s'empresse-t-il pas de le faire? Et moi,
qui suis le Dieu tout-puissant et tout bon, je ne le
ferais pas? »

Comment Gertrude eût-elle pu se défier jamais
de son Père, de son Ami Jésus? comment eût-elle
pu ne pas tout espérer de son infatigable amour?

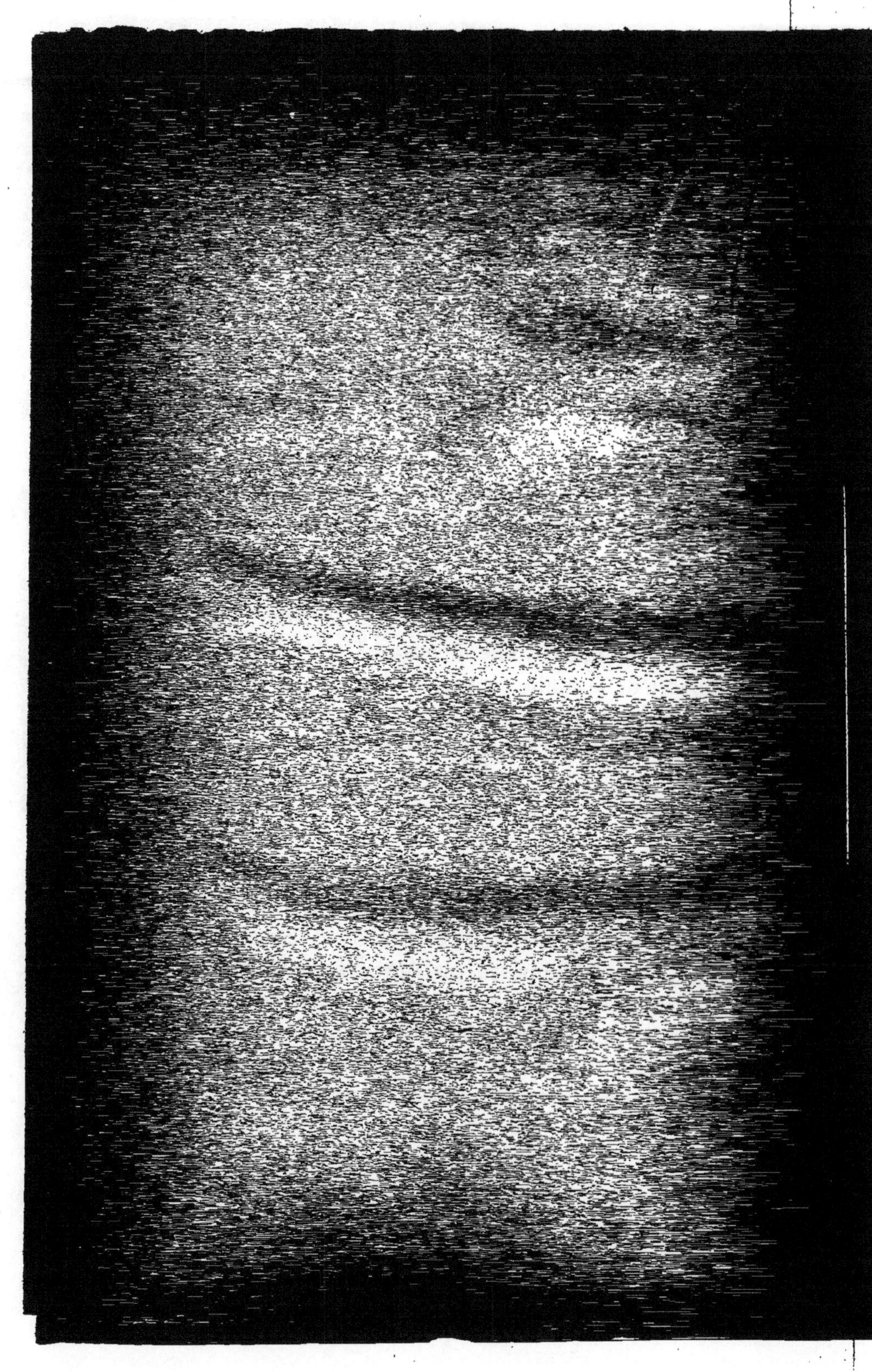

CHAPITRE IX

L'abandon du cœur de Gertrude au bon
plaisir de Jésus.

Gertrude avait confiance dans l'amour de
Jésus-Christ pour les hommes devenus ses frères,
et sans oublier que Jésus est Dieu, elle se souvenait
que Jésus est homme. Cette confiance bannissait,
on l'a vu, la crainte du cœur de Gertrude : elle
faisait plus encore, elle disposait Gertrude à tout
recevoir de la main fraternelle de Jésus, à le bénir
également en toutes choses, à s'abandonner aveuglément au bon plaisir de son Cœur.

I

De là naissait la joie constante qui rayonnait
sur son visage : rien ne le troublait, ni la maladie,
ni les persécutions, ni les épreuves intérieures.
Bien plus, la tribulation ajoutait quelque chose
à l'expansion de sa joie intime : elle avait compris,
en effet, elle croyait vivement que l'amour de
Jésus-Christ dirigeait tous les événements et

savait retirer de tous, de la tribulation plus encore que des autres, le vrai bien de son âme. Elle en vint à ne plus goûter, à ne plus vouloir regarder que le bon plaisir de Jésus-Christ, et son cœur ne put concevoir d'autres motifs d'agir, de choisir, de désirer, de s'attrister ou de se réjouir, que ce bon plaisir divin.

Un fait, qui se produisit souvent sous les yeux des sœurs de Gertrude, manifeste bien cette inclination de son cœur : lui présentait-on des vêtements, des meubles, des fruits, des objets divers, entre lesquels elle devait choisir, Gertrude fermait les yeux et recevait, comme de la main de Jésus, le premier de ces objets que sa main avait rencontré.

« Je ne saurais m'irriter contre Gertrude, disait Notre-Seigneur à sainte Mechtilde ; elle trouve parfaites toutes mes œuvres, aimables mes dispositions les plus crucifiantes à son égard. De là vient que toutes ses œuvres me plaisent aussi ; et quand il s'y mêle des imperfections, ma miséricorde trouve des excuses à son infirmité. »

« Gertrude, disait-il encore, adhère tellement à mon Cœur, et je l'y ai tellement unie, qu'elle est devenue un même esprit avec moi. Aussi elle vit dans une absolue dépendance de mes volontés : les membres sont moins assujettis au

cœur que Gertrude n'est assujettie à mes volontés.
Dès que l'homme dit, par la seule pensée, à la
main : fais cela; à l'œil : regarde; à la langue :
parle; au pied : avance, aussitôt, sans le moindre
retard, la main, la langue, l'œil, le pied obéissent.
Gertrude est pour moi comme une main, un œil,
une langue, dont je dispose à mon gré, sans
qu'ils résistent à aucun de mes désirs. »

II

De nombreuses et admirables leçons de Jésus-
Christ cultivèrent dans le cœur de Gertrude cette
disposition parfaite. Nous en grouperons ici
quelques-unes :
Jésus lui fit, peu à peu, comprendre que tout
vient aux justes de la main de Dieu; que les
souffrances, les humiliations ont un prix incomparable et sont les plus précieux dons de sa Providence; que les infirmités spirituelles, les tentations, les fautes mêmes deviennent, par sa grâce,
de puissants instruments de sanctification. Jésus
lui montra comment il exauce les prières de ses
amis, alors que souvent ils se croient oubliés
ou rebutés; comment, à ses yeux, l'intention
donne la valeur aux œuvres : comment les bons
désirs sont comptés pour des œuvres. Il lui
révéla la souveraine perfection d'un abandon

complet au bon plaisir divin, la joie que trouve son Cœur à voir une âme se remettre aveuglément aux soins de sa providence et de son amour.

Gertrude sut profiter de ces lumières; elle obéit à ces impulsions de la grâce, et son cœur apprit à chanter, à toute heure, l'hymne de l'abandon, un hymne du Cœur de Jésus-Christ : Oui, Père, puisque c'est votre bon plaisir : *Ita, Pater, quia sic fuit placitum ante te.*

« Je voudrais bien, disait Jésus à son épouse, que mes amis me jugeassent moins cruel. Ils devraient me faire l'honneur de penser que si je les oblige, quelquefois, à me servir laborieusement et comme à leurs dépens, je le fais pour leur bien et pour leur plus grand bien. Je voudrais qu'au lieu de s'irriter contre leurs douleurs ou leurs ennemis, ils considérassent en eux les instruments de ma bonté paternelle. Quand un père veut corriger son fils, la verge doit suivre l'impulsion de la main. C'est moi qui me sers des méchants, comme d'une verge, pour corriger mes fils. Je le fais par amour; et, s'il ne le fallait pour les guérir ou accroître leur gloire éternelle, je ne permettrais même pas qu'un souffle du vent les contrariât. S'ils comprenaient ces choses, au lieu de s'indigner contre leurs ennemis, ils auraient pitié d'eux. Souvent, en effet, leurs ennemis ne purifient les bons qu'en se souillant eux-mêmes des taches de plusieurs péchés. »

A ces mots du *Salve Regina* : *Tournez vers nous vos yeux miséricordieux*, Gertrude pria Jésus de lui accorder la santé. Jésus répondit, en souriant : « C'est quand j'envoie la maladie à ton corps ou le trouble en ton âme, que mes yeux miséricordieux s'arrêtent sur toi. Ignorais-tu cela ? »

Un autre jour, Gertrude, ressentant plus vivement les tristesses de son exil, gémissait douloureusement comme l'Apôtre, et disait avec lui : « Il me tarde de voir mes liens brisés et d'être avec Jésus-Christ. — J'approuve ton désir, lui dit Notre-Seigneur; mais si, en l'exprimant, tu ajoutais ces mots : « Je consens toutefois à demeurer dans la prison du corps aussi longtemps qu'il plaira au Seigneur »; chaque fois que ces sentiments naîtraient dans ton âme, j'ajouterais à tes mérites les mérites de ma très sainte vie, et ta beauté apparaîtrait, de jour en jour, plus ravissante aux yeux du Père céleste. »

Triste, ennuyée, elle dit à Jésus : « Que voulez-vous que je fasse, maintenant pour vous plaire? — Je veux que tu apprennes à souffrir patiemment. — Seigneur, enseignez-moi. » Jésus l'attira à soi, comme un maître attire à soi un petit enfant, pour lui enseigner les lettres : « Songe, dit-il ensuite à Gertrude, qu'un roi n'a pas d'ami plus

familier que celui qui lui ressemble davantage.
Mon amitié pour toi grandira, si tu me deviens
plus semblable, en souffrant patiemment aujour-
d'hui. Considère comme toute la cour honore le
favori du roi, et conclus qu'une grande gloire
récompensera, dans le Ciel, ta patience d'aujourd'hui. Enfin, souviens-toi qu'un ami fidèle
compatit aux douleurs de son ami, et les compense de son mieux par ses caresses. Que ne
ferais-je donc pas, dans le ciel, pour compenser
par la tendresse de mon affection, tes peines
d'aujourd'hui? »

Le monastère était grevé d'une lourde dette :
Gertrude pria Jésus de procurer aux administrateurs de la maison les moyens de la payer.
Jésus sourit doucement; puis : « Et que gagnerai-je
à cela? dit-il. — Vous y gagnerez, Seigneur, que
les administrateurs pourront vous servir avec
moins de sollicitude et plus de dévotion. — Mais
je ne suis pas intéressé à ce qu'ils me servent
ainsi : c'est l'intention qui fait le mérite de la
sollicitude ou de la paix. Si j'eusse mieux aimé
être servi dans la paix de la contemplation,
j'y aurais pourvu, en exemptant l'humanité
rachetée des sollicitudes de la nourriture, de
l'habitation, du vêtement; mais j'ai plus de
profit dans les labeurs de mes amis. » Gertrude
aperçut, en ce moment, près de Jésus, un homme

incliné qui se relevait, avec beaucoup de peine,
et remettait à Jésus une pièce d'or : au milieu
de la pièce brillait un beau diamant. « Si j'exauçais
ta prière, dit Jésus, l'administrateur du couvent
ne mettrait dans ma main qu'une pièce dépourvue
de diamant, et sa récompense serait bien moindre
dans le Ciel. Faire ma volonté dans la consolation, c'est me donner une pièce d'or; l'accomplir
dans la peine, c'est ajouter à la pièce le prix
et l'éclat d'un diamant. »

Une personne, connue de Gertrude, s'était
gravement blessée; Gertrude priait pour elle :
« Je lui rendrai, répondit Jésus, l'usage du
membre malade; mais il faut qu'elle achète,
au prix de ses douleurs, une admirable récompense. — Comment peut-il se faire, demanda
Gertrude, que nos douleurs aient un si grand
mérite? Nous les diminuons le plus possible
par les remèdes, et ne garderions pas le reste,
si nous pouvions nous y soustraire. — Eh bien!
reprit Jésus, cette part de souffrance qui demeure,
après tous les allègements, si l'homme accepte
par amour pour moi, elle lui acquiert une gloire
incomparable; car je l'ai sanctifiée moi-même,
lorsque, dans ma détresse cruelle, je disais à mon
Père : O mon Père, s'il se peut, éloignez de moi
ce calice! — N'aimez-vous pas mieux cependant,
Seigneur, qu'au lieu de se résigner amoureusement

à la part de douleur qu'on ne peut alléger, qui souffre patiemment tout le mal, sans accepter d'allègement? — C'est le secret de ma justice divine : Selon vos manières humaines de concevoir la vérité, ces deux sentiments divers sont comme deux nuances bien distinctes, mais tellement belles, qu'il est difficile de déterminer la plus belle. — Seigneur, ajouta Gertrude, tandis que je rapporterai à la personne malade ce que vous m'avez dit à son sujet, veuillez, je vous prie, lui donner une vive impression de joie. — Non, dit Jésus; si je le faisais, trois de ses vertus perdraient beaucoup de leur éclat : sa patience, car la joie qu'elle ressentirait lui ferait oublier sa douleur; sa foi, car ces vives impressions lui rendraient comme évidents les desseins mystérieux de ma providence; enfin, son humilité, il lui sera utile de penser que Dieu ne la juge pas digne de lui communiquer directement ses grâces. »

III

Gertrude avait relevé de plusieurs maladies; après une septième rechute, elle dit à Jésus : « O Père des miséricordes, sera-ce enfin maintenant que je guérirai pour longtemps? — Ma providence paternelle, répondit Jésus, te le laissera ignorer. Si je t'avais annoncé, dès les premiers temps, sept maladies successives, la patience n'eût peut-être pas suffi à porter un tel fardeau ; si je te disais que cette maladie est la dernière, ou qu'elle sera bientôt finie, cette assurance diminuerait beaucoup le mérite de tes souffrances. Laisse-moi tout disposer à mon gré : je connais la faiblesse de ta vertu ; je mesurerai l'épreuve à tes forces. Grâce à ces industries de mon amour, ta volonté est plus ferme, après la septième maladie, qu'elle ne l'était après la première. »

Aux approches d'une fête, Gertrude priait ainsi : « O mon Maître, ne permettez pas, je vous en supplie, que la maladie me reprenne, avant que la fête soit passée : du moins, modérez le mal, de telle sorte que je puisse prendre part aux exercices de mes sœurs : toutefois, je me soumets à votre bon plaisir. — Je me vois, lui répondit Jésus, comme en un jardin délicieux, tout plein de fleurs, et c'est ta prière résignée qui me crée cet agrément. Sache donc que si je t'exauce, c'est moi qui te suivrai dans le jardin où tu trouves tes délices : si je ne t'exauce pas, au contraire, c'est toi qui me suivras dans le jardin où je trouve les miennes ; car je me complais bien plus en toi, quand à tes bons désirs s'ajoute la souffrance, que lorsque rien ne trouble les joies de ta dévotion. »

En une occasion semblable, Gertrude priait
Notre-Seigneur de lui accorder la santé : « Pourquoi, répondit Jésus, mon épouse voudrait-elle
me déplaire, en contrariant mes volontés? —
Que dites-vous, Seigneur? reprit Gertrude :
pourriez-vous être contrarié d'une prière qui
m'est inspirée par le désir de vous glorifier? —
Tes observations à ce sujet, répondit Jésus,
je les considère bénignement comme un enfantilage; mais je ne les verrais pas de bon œil, si tu y
mettais de l'insistance. » Ces paroles firent comprendre à la Sainte que s'il est bon de désirer
la santé uniquement pour mieux servir Dieu,
il est bien plus parfait de se confier entièrement
à la Providence divine, et de croire que Dieu
dispose tout pour notre plus grand avantage, soit
qu'il nous console, soit qu'il nous éprouve par
la tribulation.

Une crise de sa maladie avait occasionné à
Gertrude des sueurs abondantes, et la Sainte
se demandait, avec une certaine inquiétude,
quel serait le résultat de ces sueurs, quand Jésus
lui apparut dans tout l'éclat de sa beauté : il
avait les deux mains étendues vers elle : dans
l'une était figurée la santé, dans l'autre la maladie,
et il invitait Gertrude à choisir. Mais, écartant
de ses mains les deux mains de Jésus, Gertrude
s'inclina vers la poitrine du Sauveur et pencha
la tête vers ce Cœur, centre de tout bien, comme

pour l'interroger et connaître son bon plaisir. Or, Jésus parut vouloir diriger davantage vers son Cœur les yeux de Gertrude, comme pour lui permettre d'y lire le secret de son amour; mais elle, détournant à l'instant la visage et demeurant la tête appuyée contre la poitrine de Jésus: « Seigneur, disait-elle, je détourne mes yeux de vous, abandonnant aveuglément mon cœur à toutes vos volontés, et je vous prie de ne tenir aucun compte des miennes dans l'exécution de vos adorables desseins. — Il m'est souverainement agréable, dit Jésus à son épouse, de te voir détourner ainsi de moi ton visage, et pour te témoigner la satisfaction que j'en éprouve, sache que je communique de nouveau à ton cœur tous les trésors de mon propre Cœur. »

« D'où vient, demandait Gertrude à Notre-Seigneur, que depuis longtemps ma maladie ne me préoccupe plus, et qu'il m'est indifférent de guérir ou de demeurer infirme, de vivre ou de mourir? — Quand l'époux, répondit Jésus, mène son épouse en un parterre, pour y cueillir des roses et en faire un bouquet, l'épouse, captivée par l'entretien de l'époux, ne songe point à lui demander quelles roses il préférera; et quand ils sont arrivés au parterre, toutes les roses que l'époux trouve à son gré et lui remet, l'épouse les reçoit indistinctement de sa main, et s'empresse

de les assembler en bouquet. Or, telle est la
conduite de l'âme fidèle qui s'est abandonnée à mon
bon plaisir. Ma volonté est pour elle un parterre
tout semé de roses; d'un même visage elle accueille
la santé, la maladie, la mort, parce qu'elle a une
absolue confiance en ma bonté paternelle. »

Quelqu'un se plaignait auprès de Gertrude
d'éprouver moins de consolation divine, dans
ses exercices et dans la communion, aux jours
de fêtes plus solennelles. Gertrude en demanda
la raison à Jésus : « C'est pour le plus grand
bien de son âme, répondit Notre-Seigneur,
l'humilité est souvent plus profitable que la
dévotion. Il arrive encore que je suis plus près
de l'âme au moment que l'âme se plaint de
mon éloignement. N'est-il pas vrai que, lorsqu'un
ami nous embrasse, nous ne voyons pas ou nous
distinguons moins son visage? A la consolation
se mêlent d'ailleurs souvent des imperfections
qui arrêtent de plus grandes effusions de ma
bonté. Je pourrais, sans doute, prévenir ces
imperfections, tout en laissant à l'âme sa joie
sensible; mais quand l'humiliation les prévient,
l'âme acquiert un mérite de plus. »

Une Sœur converse s'affligeait de ce que la
multiplicité de ses travaux l'empêchait de faire
oraison. Gertrude la recommanda à Notre-

Seigneur : « Elle voudrait, répondit Jésus, me servir pendant une heure, et moi j'exige d'elle beaucoup plus : je veux qu'elle soit avec moi tout le jour, et que ces offices multiples l'unissent à moi inséparablement : pour cela, qu'elle ait soin de faire toutes choses, non seulement pour le bien-être corporel des Sœurs, mais pour l'avancement de leurs âmes dans mon amour. Chaque fois qu'elle agira extérieurement à cette intention, son travail sera pour moi un délicieux festin. »

Une Sœur était vivement contrariée, parce qu'elle jugeait que l'office dont on l'avait chargée l'empêcherait de contenter sa dévotion. Gertrude comprit sa peine et se hâta de recommander son âme à Jésus-Christ. « Si elle voulait, répondit Notre-Seigneur, embrasser de bon cœur son travail, malgré le détriment de dévotion qu'elle appréhende, et préférer ainsi ma volonté à son apparente utilité, ce seul acte d'un instant me serait extrêmement agréable. Peut-être ne sera-t-elle pas maintenue dans cet office; peut-être ne commencera-t-elle pas de l'exercer : et pourtant, le seul fait de son acceptation généreuse lui acquerra autant de mérites que si, pendant longtemps, elle eût accompli son travail, sans y mêler aucune négligence. »

Jésus disait encore à son épouse : « Quand

une âme, dans la ferveur de sa dévotion, ressent le désir de s'infliger des pénitences, de jeûner, pour mon amour, et qu'elle s'en abstient cependant, pour obéir à son supérieur, comme j'ai moi-même obéi, elle m'est aussi agréable que le serait à son ami celui qui l'inviterait à une table délicatement servie, et lui offrirait avec amour la meilleure part, lui redisant à chaque mets nouveau : Je n'en prendrai pas une bouchée, si vous n'en prenez vous-même. »

Gertrude recommandait à Jésus une personne qui retombait souvent dans les mêmes fautes : « Je veux, dit Jésus, lui laisser cette tentation; elle est ainsi obligée de reconnaître son défaut, d'en gémir; elle travaille à le corriger, et cependant elle a l'humiliation de retomber. Tout cela nourrit l'humilité dans son cœur; et tandis qu'elle combat contre cette inclination et s'afflige de ses péchés, j'en détruis plusieurs autres, qu'elle discerne moins dans son âme. Qui lave ses mains, à l'occasion d'une tache, en fait disparaître bien d'autres. »

La Sainte priait Jésus de corriger de ses défauts un supérieur du monastère. Notre-Seigneur lui fit cette réponse : « Non seulement celui dont tu me parles, mais tous les autres supérieurs de ma chère Congrégation ont chacun leurs défauts,

et c'est l'amour très tendre que j'ai pour vous,
qui l'a ainsi voulu, pour votre plus grand mérite.
Il est bien plus méritoire, en effet, de se soumettre
à un supérieur, dont les défauts sont patents,
qu'au supérieur dont toutes les œuvres semblent
parfaites. »

IV

Gertrude adressait à Dieu de ferventes prières,
pour une personne affligée. Jésus lui dit : « Aie
confiance; je ne permets jamais que mes élus
soient tentés au delà de leurs forces, et je me
tiens toujours près d'eux, pour modérer, au
besoin, l'épreuve. Quand une mère réchauffe
son enfant, elle tient entre le feu et le petit
enfant sa main déployée. Telle est ma conduite
à l'égard des justes; car ce n'est pas pour les
brûler et pour les perdre, mais pour les purifier
et les sauver, que je les expose au feu de la tribulation. »

Peu après, Gertrude offrit à Dieu ses prières,
pour une âme dont elle désirait la conversion;
et dans l'impatience de ses désirs, elle dit à
Notre-Seigneur : « Je suis, il est vrai, la moindre
de vos créatures; mais, puisque c'est pour votre
gloire que je veux le salut de cette âme, d'où

vient que, pouvant toutes choses, vous ne
m'exaucez pas? — Ma toute-puissance, répond
Jésus, me permet d'exécuter toutes mes volontés,
mais ma sagesse me fait discerner l'heure et le
mode convenable de leur exécution. Un roi désire
que ses établies soient bien tenues, et il pourrait
y rétablir l'ordre et la propreté en les balayant
lui-même ; il ne le fera pourtant jamais, parce
que les convenances ne le lui permettent pas.
Ainsi, je désire la conversion des pécheurs; mais
quand une âme tombe volontairement dans le
mal, je ne l'en retire pas qu'elle ne se fasse d'abord,
aidée de ma grâce, violence à elle-même, pour
se relever, et ne tende vers moi une main que
je puisse décemment saisir.

« Quelle est donc, demanda Gertrude, l'utilité
des prières si fréquentes que je vous adresse
pour mes amis? — Leur utilité est grande,
répondit Jésus; sache qu'aucune prière faite
avec confiance ne demeurera sans fruit, bien
que l'homme ignore comment je l'exauce. »

Tout le peuple de Heldelfs sollicitait de Dieu
un temps plus favorable aux moissons, et le
monastère s'unissait aux prières du peuple.
Mais les pluies ne diminuaient pas. Gertrude
s'en plaignait à Jésus: « O tendre Ami, lui disait-
elle, je ne mérite en rien d'être écoutée, et cependant telle est ma confiance en votre bonté que

seule, je pourrais obtenir de vous de bien plus grandes faveurs : comment donc se peut-il faire que vous tardiez si longtemps à écouter les désirs de tout un peuple? — Penses-tu, répondit Jésus, qu'un père se lassât d'entendre son fils lui demander un denier, si, à chacune de ses demandes, le père pouvait mettre en réserve pour son fils cent pièces d'or? Ne sois donc pas surprise que je vous laisse inutilement, ce semble, crier vers moi : chaque fois que vous m'invoquez pour obtenir ce denier d'un ciel plus serein, alors même que vous ne m'adressez, à cet effet, qu'une parole ou un faible désir, j'ajoute à votre trésor de biens éternels beaucoup plus que cent pièces d'or. »

— A l'heure de son oraison, Gertrude se souvint particulièrement d'une âme qui lui était chère : « Très doux Seigneur, dit-elle à Jésus, exaucez la prière que j'adresse pour elle à la bénignité de votre Cœur paternel. — Mais, répondit Jésus, tu ne m'as pas, une fois, recommandé cette âme, que je ne t'aie exaucée. — D'où vient donc, reprit Gertrude, qu'elle est toujours à gémir et à se plaindre, disant : Ma bassesse est tellement indigne des regards de Dieu, qu'il ne saurait me donner part à ses faveurs? — Jésus répondit : Cet humble sentiment de mon épouse est, à mes yeux, comme un charme ravissant et une riche parure de son âme : elle me plaît davantage,

à mesure qu'elle se déplaît davantage à elle-
même, et les accroissements de ce plaisir sont le
fruit grandissant de tes prières renouvelées. »

Gertrude priait donc pour cette amie, sans
se lasser, et, un jour, qu'elle avait associé les
ferventes supplications d'une autre personne à
ses propres instances, Jésus lui dit : « Maintenant,
j'ai attiré plus intimement vers moi ton amie;
elle doit s'attendre à plus de tribulations. Quand
une enfant, cédant au mouvement d'un amour
plus tendre, veut à tout prix se rapprocher de
sa mère et disposer son siège à la hauteur du siège
de sa mère, elle risque d'être moins commodément
assise que les autres enfants; ceux-ci, en effet,
prennent çà et là, ou près de leur mère, et le siège
et la place qui les accommodent le plus. La mère
ne pourra pas d'ailleurs aussi aisément arrêter
ses regards affectueux sur elle, que sur l'enfant
qu'elle aperçoit sans détourner le visage. »

« L'on prie beaucoup pour moi, disait quelqu'un à Gertrude, et je ne ressens aucun effet
de ces prières. » Gertrude en demanda la raison
à Notre-Seigneur : « Demande-lui, répondit Jésus,
ce qu'elle choisirait pour son petit frère, si
quelqu'un s'offrait à lui donner soit un bénéfice,
soit la valeur de ce bénéfice en argent. Elle
répondra, avec le bon sens, qu'il vaut mieux

à l'enfant un bénéfice, dont les revenus s'accumuleront jusqu'à sa majorité. De l'argent, mis en ses mains, serait bientôt dissipé en futilités. Qu'elle ait donc confiance en ma bonté; je suis son Père, son Frère, son Ami, beaucoup plus préoccupé des vrais intérêts de son corps et de son âme qu'elle ne saurait l'être des intérêts de ses proches. J'amasse fidèlement les fruits de toutes les prières, de tous les bons désirs qui me sont offerts pour elle, et je les remettrai tous dans ses mains, quand elle n'en pourra rien laisser perdre. »

Gertrude elle-même se plaignait ainsi à Jésus-Christ : « Vous m'avez dit, très doux Seigneur : « Commande-moi, et je m'empresserai d'obéir, comme un sujet obéit à sa souveraine. » Je ne veux pas, Dieu très bon, contredire à votre miséricordieuse parole; mais d'où vient, dites-moi, que si souvent mes prières semblent demeurer sans effet? — Une reine, répondit Jésus, dit à son serviteur : « Détachez le fil qui pend à mon épaule gauche, et remettez-le moi. » Le serviteur s'empresse; mais il s'aperçoit que le fil tient à l'épaule droite. Comment obéira-t-il à la reine, qui ne peut voir ses épaules? Il détachera le fil qui pend à l'épaule droite et le lui remettra, pensant mieux faire que s'il arrachait violemment, du côté gauche, un fil des vêtements de la reine.

Ainsi, quand je semble ne pas t'exaucer, j'obéis à tes désirs les plus intimes, et t'accorde des grâces plus précieuses que celles que tu sollicites. »

Préférant donc à ses propres désirs les désirs de Jésus, Gertrude l'interrogeait souvent, pour apprendre de Lui, avant de formuler une prière, ce qu'elle devait lui demander :

La bonté naturelle du cœur de Gertrude l'inclinait à prier fréquemment pour les infirmes. Un jour donc qu'elle allait recommander à la miséricorde du Seigneur un malade de sa connaissance : « Que désirez-vous, dit-elle à Jésus, que je vous demande pour lui? — Deux courtes prières suffiront, répondit Jésus : adresse-les moi avec dévotion. Dis-moi d'abord : Seigneur, gardez-lui la patience! Ajoute ensuite : Seigneur, faites que, selon les désirs éternels de votre Cœur de Père, tous les instants de souffrance que vous réservez à l'infirme procurent votre gloire et accroissent ses mérites pour le Ciel.

Chaque fois que tu rediras ces paroles, tes mérites grandiront avec ceux du malade, comme l'on voit briller d'un nouvel éclat les couleurs d'un tableau à mesure que le peintre étend sur la toile une couche nouvelle de vernis. »

V

En un jour de fête, Gertrude, retenue dans sa cellule par sa maladie, s'attristait de ne pouvoir assister aux vêpres : « Hélas! disait-elle, ne vous serait-il pas plus glorieux, Seigneur Jésus, que je fusse maintenant avec mes sœurs occupée à chanter vos louanges, au lieu de perdre ici mon temps dans l'oisiveté et l'inertie? » Jésus dit à Gertrude : « Un époux n'aime-t-il pas autant converser familièrement avec son épouse dans sa demeure que de la produire au dehors dans de brillantes parures? Sache, d'ailleurs, que les bons désirs suffisent à me contenter, lorsque je n'en permets pas l'exécution, et que rien ne m'est agréable comme l'abandon à mon bon plaisir. »

« Que m'ordonnes-tu, ô ma Souveraine? » ainsi parlait Jésus à Gertrude. « Je vous prie, répondit la Sainte, je vous supplie de tout mon cœur d'accomplir très parfaitement en moi votre bon plaisir. » Jésus nomma alors toutes les personnes que lui avait recommandées Gertrude, et il ajouta : « Que ferai-je pour elles, et aussi pour cette autre qui s'est, aujourd'hui même, recommandée à tes prières? — Je ne vous demande rien, sinon que votre très aimable volonté s'accomplisse sur elles. — Et pour toi, demande quelque chose; que veux-tu? — Je demande, pour toute joie de mon cœur, que vous daigniez accomplir pleinement, en moi et en toute créature, votre très sainte volonté; et je suis prête, pour obtenir cette faveur, à subir tous les supplices. — Cette disposition de ton cœur m'est si agréable, dit alors Jésus, que ton âme en acquiert une beauté admirable; je la vois aussi belle que si jamais elle n'eût, même en la moindre chose, contrarié ma volonté. »

Les supérieurs du monastère de Heldelfs avaient manifesté le désir de transférer quelques Sœurs dans une autre communauté, et ceux qui devaient faire le choix de ces religieuses étaient déjà nommés. Dès que Gertrude l'eut appris, elle se prosterna devant un crucifix, et, sans tenir compte des répugnances naturelles que faisait naître dans son âme la perspective d'un changement de résidence qui eût aggravé des infirmités déjà accablantes, elle s'offrit généreusement à exécuter toutes les volontés du Seigneur, aux dépens même de la santé du corps et de la paix de l'âme.

En ce moment, elle vit Jésus détacher ses mains de la croix et les étendre vers elle; puis, attirant Gertrude vers son cœur, le doux Sauveur lui disait : « Viens et sois la bienvenue, âme très chère : tu es, à cette heure, un baume pour mes plaies, un remède à toutes mes douleurs. » Tandis que Jésus parlait ainsi, son visage rayonnait de joie, comme rayonne de joie le visage d'un infirme désespéré à qui l'on annonce subitement la découverte d'un remède dont l'usage doit le guérir. Et Gertrude comprit que l'âme fidèle renouvelle cette joie du Sauveur, quand, acceptant aveuglément toutes les adversités que la volonté de Dieu semble lui proposer, elle s'abandonne à ce bon plaisir divin.

Or, la sainte Épouse du Sauveur poursuivit son oraison, et sous le regard de Dieu, elle se demandait ce qu'elle ferait, dans cette communauté nouvelle, pour y promouvoir la stricte observance des règles. Plusieurs desseins avaient déjà occupé son esprit, lorsque se reprochant ces préoccupations d'avenir, comme un emploi inutile de son temps : À quoi songes-tu, se dit-elle; ce départ n'est qu'un rêve de ton imagination : infirme comme tu es, tu devrais plutôt penser à la mort qu'à un changement de résidence terrestre. — Jésus se montra subitement à elle, au sein d'une grande lumière; des roses et des lis ornaient ses vêtements : « C'est à toi, dit-il à Gertrude, que je dois cette parure et cet éclat. La variété de ces fleurs représente les projets divers que tu formes pour ma gloire; ils me plaisent, parce que tu en subordonnes entièrement l'exécution aux décrets de ma volonté. Un ami se plaît à demander quelquefois à son ami, pour mettre sa fidélité à l'épreuve, un grand service qu'il ne veut cependant pas exiger, et il prend un singulier plaisir à voir l'ami se mettre en mesure de l'obliger de son mieux. Ainsi, je me plais à éprouver ceux qui m'aiment. »

Jésus poursuivit : « Il y a peu de temps, je mis dans ton âme le pressentiment d'une mort prochaine; ton cœur s'excita à l'accepter, à la désirer; tu voulus qu'on se hâtât de te donner l'extrême-onction, et tu te préparas avec diligence à recevoir le sacrement. Tu ne devais pourtant pas mourir; mais saches-le, tout ce que tu fis alors, je le tiens en réserve, dans l'intime de mon Cœur, comme un trésor qui t'appartient. Si la mort doit, un jour, te surprendre sans te laisser, comme il arrive souvent aux plus saintes âmes, le temps de recevoir les derniers sacrements, ton âme n'y perdra rien; tes préparations anciennes te tiendront lieu de ces grâces. Rien ne se flétrit dans mon Cœur; c'est un parterre où le gazon est toujours vert, les fleurs toujours épanouies, les fruits toujours nouveaux; j'y retrouverai tes œuvres d'autrefois dans leur fraîcheur première. »

En présence de Gertrude, une personne affligée avait dit : « Dieu m'envoie des peines qui ne sont pas pour moi; d'autres me conviendraient mieux. » La Sainte priait pour cette personne : « Demande-lui, dit Jésus, quelles peines il lui faut, car il en faut pour gagner le ciel; et quand elle les aura, qu'elle les supporte patiemment. » L'accent de la voix de Jésus fit comprendre à Gertrude qu'il est fort dangereux de désirer d'autres épreuves que celles que Dieu choisit pour nous. Tout à coup, changeant de ton et de visage, Notre-Seigneur dit à Gertrude : « Et toi, es-tu aussi mécontente? les peines que je t'envoie te semblent-elles mal choisies? — Oh! non, Seigneur, répondit Gertrude; mais je confesse et je confesserai toute ma vie que votre providence a tout merveilleusement disposé pour le bien de mon âme et de mon corps, santé ou maladie, joie ou tristesses. » Jésus semblait alors conduire Gertrude, d'abord à son Père céleste, puis au Saint-Esprit; et sur l'invitation du Sauveur, elle renouvelait la protestation qu'elle venait de faire. Enfin, Jésus lui dit : « A dater de cette profession, je m'oblige à prendre un soin encore plus spécial de toi. » La sainte comprit que Jésus environne des soins d'une providence particulière ceux qui se confient ainsi à son amour; comme un supérieur de monastère se reconnaît obligé de veiller avec plus de sollicitude aux nécessités du religieux, dès qu'il a renoncé à toute propriété par les vœux de profès.

Le sentiment que Jésus cultivait le plus dans le cœur de Gertrude était, on le voit, l'abandon aveugle au bon plaisir de Dieu. Il témoignait, à cet effet, de mille manières, à son épouse, combien cette disposition lui est agréable, et lui montrait les trésors incomparables de grâce et de gloire qu'elle pouvait acquérir en s'abandonnant à sa providence paternelle.

Un jour que Gertrude méditait sur ces paroles de l'Écriture : *Le voici près de nous, le Dieu saint d'Israël, notre protecteur*, Notre-Seigneur lui dit : « Si quelqu'un se déterminait généreusement à me laisser régler sa vie selon ma volonté, et se proposait sincèrement de me louer dans l'adversité comme dans la prospérité, il me procurerait la même gloire que donne à un empereur celui qui met à son front la couronne impériale. »

« L'âme qui se confie aveuglément en moi, disait encore Jésus, est cette colombe choisie entre mille, dont je parle dans l'Écriture. Elle est cette épouse plus aimée, dont un seul regard blesse mon Cœur ; et si j'étais impuissant à la secourir, mon Cœur en ressentirait une désolation que toutes les joies du ciel ne pourraient adoucir. — Je le vois, répondit Gertrude, l'abandon vous ravit le Cœur, mais ce don parfait, comment l'obtenir de Vous? — Ma grâce, dit Jésus, ne manque à personne; et quel homme ne peut, s'il le veut, mettre, du moins sur ces lèvres, quelqu'une de ces paroles de confiance et d'abandon qui sont partout dans les saints Livres; par exemple, celle-ci : Quand je serais englouti au fond des abîmes, vous m'en retirerez, Seigneur! Quand vous me tueriez, Seigneur, j'espérerais en vous!

« Il est, poursuivit Jésus, des tristesses plus amères que les autres; celles, par exemple, que l'on ressent quand on appréhende la mort d'une personne aimée, ou quand on l'a déjà perdue. Mais le cœur affligé pourrait, avec ma grâce, se résigner à ma volonté et dire : J'accepte le bon plaisir de Dieu, et si le choix m'était donné entre l'accomplissement de cette volonté de Dieu et la réalisation de mon désir contraire, je demanderais que la volonté de Dieu s'accomplît. Si un cœur affligé se contraint lui-même à accepter ainsi ma volonté pendant une heure, il peut être assuré que je garderai toujours à cet acte généreux sa perfection première, et que, loin de m'offenser des impressions d'abattement qui pourront suivre, je les ferai toutes contribuer à son salut éternel et à sa consolation temporelle. Quand, désolée, cette âme songera aux avantages qu'elle a perdus en perdant son ami, au vide cruel que son absence laisse près d'elle, je compterai toutes ces pensées et les autres semblables, qui naissent de la fragilité humaine, et je m'engage à les compenser par des joies et des mérites. Ma bonté sera contrainte d'agir ainsi. Quand l'artiste creuse dans un précieux métal la place de plusieurs perles il s'oblige à les trouver et à les enchâsser ; ainsi ma bonté ne laisse pas inachevés ses ouvrages. »

CHAPITRE X

Le zèle du cœur de Gertrude.

L'abandon paisible du Cœur de Jésus au bon
plaisir de son Père était l'acte suprême du zèle
qu'il avait pour sa gloire : cet abandon constitue,
en effet, le règne absolu de Dieu sur la volonté
de l'homme; mais Jésus voulait établir ce règne
de Dieu dans toutes les âmes, et les sauver, en
étendant le royaume de Dieu. Ce zèle du salut
des âmes, qui dévora le Cœur de Jésus, brûla,
comme une flamme, au cœur de son épouse
Gertrude.

I

Ce fut le zèle des âmes qui la détermina à
révéler les grâces les plus intimes dont le Seigneur la favorisa. On la vit, fréquemment,
remettre à une autre heure son frugal repas,
abréger le temps du sommeil, négliger le soin
d'une santé débile, pour travailler au bien des

âmes. L'oraison était pour elle un ciel anticipé; mais, dès qu'une âme sollicitait le secours de sa charité, elle quittait l'oraison, abandonnait ses exercices les plus chers, et cela avec une allégresse de cœur qui rayonnait sur son visage.

Ses oraisons n'étaient guère, du reste, qu'une incessante prière qu'elle adressait à Dieu pour la sanctification croissante des justes et pour la conversion des pécheurs. Toujours patiente, affable, envers ceux que des défauts ou des vices empêchaient d'être pleinement à Dieu, elle ne pouvait cependant tolérer en eux ces défauts ou ces vices. On disait quelquefois à Gertrude : « Ne priez plus pour eux, ne leur donnez plus de conseils! s'ils se damnent, vous n'aurez pas à répondre de leur damnation. — Ah! répondait la Sainte, ces cruelles paroles me percent l'âme d'un glaive : j'aime mieux mourir que de jamais me consoler ainsi de la perte éternelle de mes frères! »

Une des tristesses les plus habituelles et les plus profondes de son cœur était la pensée que tant de juifs, tant de païens vivaient et mouraient, peut-être, sans avoir part aux largesses de la miséricorde divine.

II

Gertrude priait et s'immolait pour la conversion des infidèles et des pécheurs; mais son zèle le plus actif s'attachait à poursuivre la sanctification des âmes justes qui vivaient près d'elle, dans l'état religieux, et qu'elle était chargée de gouverner. Jésus s'était, un jour, montré à elle portant péniblement sur ses épaules une maison immense : « Tu le vois, disait-il à son épouse, je suis écrasé sous le poids de cet édifice : c'est la Religion : l'édifice croule, aujourd'hui, de toutes parts, si peu d'âmes généreuses se rencontrent qui veuillent m'aider à le soutenir : ô ma bien-aimée, compatis à ma lassitude. » Dès ce jour, la sainte épouse de Jésus se montra encore plus vigilante, pour maintenir l'observation de la règle dans le monastère, et s'appliqua à l'observer elle-même avec une fidélité plus héroïque.

« Tout religieux, disait encore Notre-Seigneur à Gertrude, est obligé de travailler à la correction et à la sanctification de ses frères. Il doit leur donner de sages conseils, ou instruire les supérieurs des défauts qu'il remarque en eux, afin qu'il y porte remède. Que l'on se garde de s'excuser, en disant : Je ne suis pas

chargé de corriger les autres, ou bien : Je ne vaux
pas mieux qu'eux. Parler ainsi, c'est ressembler
à Caïn, qui répondait à Dieu : Suis-je donc chargé
de veiller sur mon frère? — C'est moi qui donne
cette charge à tous les religieux, et s'ils laissent
périr leurs frères, je leur demanderai compte de
ces âmes, plus rigoureusement, quelquefois, qu'au
supérieur lui-même. Car le supérieur ne remarque
pas toujours aussi aisément les défauts des religieux qu'il doit gouverner. Ne pas travailler à
corriger les fautes de son frère, c'est en être
complice : or, s'il est écrit : Malheur à celui
qui fait le mal, il est aussi écrit : Malheur à
celui qui consent au mal : *Væ facienti, væ con-
sentienti.* »

Ces paroles de Jésus s'étaient profondément
imprimées au cœur de Gertrude, et du vif sentiment qu'elles y avaient fait naître procédait
l'énergie pénétrante de ses corrections. Sans
oublier sa bénignité maternelle, elle donnait,
au besoin, une telle vigueur à son accent, que
les coupables tremblaient et les plus rebelles
courbaient la tête.

Gertrude venait de corriger ainsi une des
Sœurs qui lui étaient le plus chères, à cause
de sa grande vertu : « Seigneur, disait, peu après,
à Jésus-Christ, la Sœur encore toute émue;
Seigneur, tempérez, je vous prie, ce zèle trop

fervent de votre bien-aimée Gertrude. — Quand je vivais sur la terre, répondit Jésus, la vue de l'iniquité allumait en moi le feu d'un semblable zèle. — Mais, reprit la Sœur, vous n'adressiez de dures paroles qu'à des hommes obstinés dans le mal. Gertrude est, quelquefois, sévère pour ceux mêmes que tous estiment et jugent bons. — Ceux d'entre les Juifs, répondit Notre-Seigneur, qui s'élevèrent le plus contre moi, passaient, aux yeux de tous, pour de très saints personnages. »

Ainsi Jésus excitait son épouse à poursuivre jusqu'à l'ombre du mal dans l'âme des justes, et il lui révélait, en même temps, comment elle devait espérer de sa miséricorde le salut des plus grands pécheurs : la crainte et l'amour activaient ainsi, tour à tour, le zèle de Gertrude.

Un prédicateur venait de dire, en présence de Gertrude, que nul ne peut être sauvé, s'il n'a la charité ou, du moins, un repentir de ses péchés procédant, en partie, d'un motif d'amour de Dieu : « Hélas! pensa aussitôt Gertrude, que deviendront tant de pécheurs qui semblent ne se repentir, à l'heure de la mort, que par le motif de la crainte de l'enfer? » Jésus répondit : « Quand je vois approcher du dernier moment ceux qui ont eu pour moi quelque bon sentiment, ou fait en mon honneur quelques bonnes œuvres, à l'instant même de la mort, et comme sur l'extrême

frontière qui les sépare de l'autre vie, je me montre
à eux avec un visage et des regards si doux et si
tendres, qu'ils en sont touchés jusqu'au fond de
l'âme, et ils produisent alors cet acte de repentir
qui les sauve. Je voudrais que mes élus, en se
souvenant de mes autres bienfaits, me rendissent
grâces pour ce bienfait suprême de mon amour
envers les pécheurs. »

CHAPITRE XI

La reconnaissance du cœur de Gertrude.

Jésus révélait à Gertrude tous les mystères
de son amour pour elle, tous les mystères de
son amour pour les pécheurs, et il invitait fréquemment son épouse à lui payer, au nom de
tous, une dette que presque tous oublient, la
dette de l'action de grâces. Gertrude fut recon-
naissante; sa vie, ses écrits sont une hymne
d'action de grâces. Aussi nous contenterons-nous
de reproduire, ici, la page suivante, empruntée
à son livre; elle manifeste l'esprit d'action de
grâces qui animait le cœur de Gertrude [1] :

« Que mon cœur, mon âme, mes sens vous
rendent grâces, ô Dieu très doux, ami très fidèle,
pour vos infinies miséricordes; mais, impuissante
à vous bénir comme je le devrais, ô mon Dieu,
je vous prie de combler de vos bienfaits ceux
qui m'aideront, ne serait-ce que par un soupir,

1. L'Association de l'Action de grâces perpétuelle, dont
le centre est à Bordeaux (rue du Hâ, 17), a pour patronne
principale sainte Gertrude.

à vous payer mes dettes de reconnaissance.
Je vous offre pour eux, dès maintenant, la Passion
de votre Fils bien-aimé, et je vous conjure de
garder vivant dans mon cœur, jusqu'à la fin
des siècles, cet acte d'offrande, afin qu'il serve
à leur obtenir le pardon entier de leurs péchés
et de leurs négligences.

« Béni soyez-vous, ô mon Seigneur très miséricordieux, pour l'assurance que votre bonté
m'a donnée; vous me l'avez dit : Quiconque,
même pécheur, vous rendra grâces pour moi,
ne finira pas la vie présente que vous ne l'ayez
converti ou amené à une sainteté plus parfaite, et que vous n'ayez rendu son cœur digne
de vous servir de demeure. »

Depuis des siècles, les âmes pieuses répondent
aux vœux de Gertrude et recueillent le fruit
des promesses divines, en récitant quelquefois
la formule suivante d'action de grâces :

O bienheureuse épouse de Jésus-Christ, Gertrude, je rends grâces, de tout mon cœur, à votre
Époux, des biens dont il vous a comblée :

Action de grâces à Jésus, qui vous a éternel-
lement prédestinée à ses faveurs!
Action de grâces à Jésus, qui vous a attirée
amoureusement à lui!

Action de grâces à Jésus, qui a uni votre cœur à son Cœur!

Action de grâces à Jésus, qui s'est préparé dans votre cœur une délicieuse demeure!

Action de grâces à Jésus, qui a consommé l'œuvre de votre sainteté, et vous a dignement couronnée dans le ciel!

O heureuse épouse de Jésus, je vous félicite, et, par le très doux Cœur de votre époux, je vous prie de m'obtenir un cœur pur, humble, doux, confiant, brûlant d'amour pour le Cœur de Jésus et filialement attaché à sa très glorieuse Mère, un cœur dévoré de zèle pour la gloire de Dieu et le salut des âmes. Ainsi soit-il.

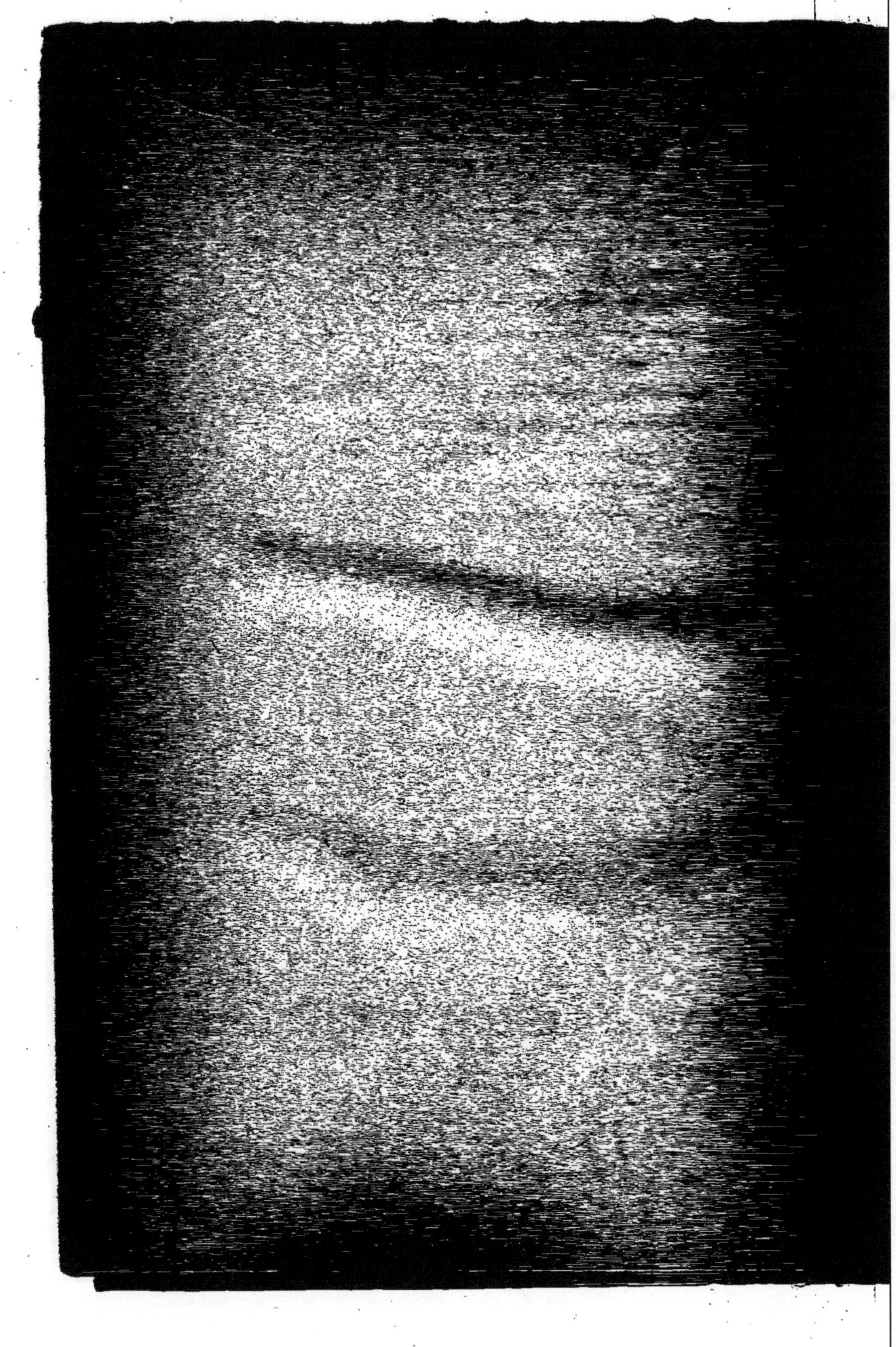

CHAPITRE XII

Bienheureuse mort de Gertrude.

Gertrude remplissait depuis quarante ans et onze jours, la charge d'abbesse[1], quand elle fut frappée d'une attaque d'apoplexie, qui paralysa presque tout son corps et la retint ainsi dans la souffrance pendant vingt-deux semaines. De tout ce temps, elle ne put articuler d'autre parole que ces deux mots : « Mon esprit, *Spiritus meus.* » Les Sœurs qui la servaient ne pouvaient comprendre, le plus souvent, ce qu'elle demandait; car elle traduisait, indistinctement, tous ses désirs par les deux mêmes paroles : *Spiritus meus,* et ne pouvait, malgré tous ses efforts, réussir à dire un mot de plus. Mais Gertrude ne donna jamais le moindre signe d'impatience; son regard conserva, jusqu'au dernier jour, cette sérénité que l'on avait tant admirée, et qui faisait dire : Les yeux de Gertrude sont des yeux de colombe. Lorsque, lassée de répéter *Spiritus meus,* elle voyait qu'on ne pouvait comprendre ce qu'elle

1. D'après plusieurs auteurs, Gertrude, entrée d'abord au monastère de Rodersdorff, en fut élue abbesse à l'âge de trente ans. De là, elle passa à l'abbaye de Heldelfs, qu'elle gouverna jusqu'à sa mort. Heldelfs n'est qu'à un demi-mille de Eisleben, patrie de Gertrude.

souhaitait, l'aimable Sainte souriait avec tant
de grâce, que les assistants devaient sourire
comme elle, et elle gardait le silence.

Quand les étrangers ou les Sœurs entraient
dans la cellule de Gertrude, la malade s'em-
pressait de les saluer d'un regard et d'un léger
mouvement de la main, que la paralysie avait
épargnée. Puis, elle demeurait immobile, mais
dans une paix qui se communiquait aux visi-
teurs et leur faisait sentir une impression de
joie très douce, au point que personne ne se
lassa jamais de demeurer près d'elle.

On lui apprit la maladie grave d'une religieuse du monastère : aussitôt elle voulut être
portée jusqu'à la chambre de l'infirme, et ses
gestes exprimèrent si vivement le désir de son
cœur, que l'on y dut céder. Arrivée près de
la malade, Gertrude lui témoigna sa compassion
par des caresses maternelles, et la laissa consolée.

Lorsque le jour de l'agonie fut venu, une
Sœur du monastère, celle même à qui Gertrude
avait dicté le *Livre des Insinuations*, vit Jésus
arriver près de la mourante. Le visage du Sauveur
était rayonnant de joie; à sa droite se tenait
la bienheureuse Vierge; à sa gauche, l'Apôtre
bien-aimé saint Jean. Autour d'eux se groupait
une multitude d'Anges, de Vierges, de Saints.
Les Vierges, surtout, étaient nombreuses, et tout
le monastère en paraissait rempli.

On lisait, près du lit de la malade, le récit de la Passion. Quand on arriva à ces mots : « Il inclina la tête et rendit l'esprit », Jésus se pencha vers Gertrude, il entr'ouvrit de ses deux mains son propre Cœur, et en épancha les flammes dans l'âme de Gertrude.

La communauté, poursuivant ses prières, disait à Notre-Seigneur : « Consolez-la, comme vous consolâtes votre bienheureuse Mère, à l'heure de sa très sainte mort. » Jésus, se tournant alors vers sa Mère, lui adressa ces paroles : « O Souveraine, ma mère, dites-moi quelle consolation vous reçûtes de moi, à cette heure, afin que je la communique à ma bien-aimée? — Ma consolation la plus douce, répondit Notre-Dame, fut le refuge assuré que vous m'offrîtes entre vos bras. » Jésus promit de donner cette joie à Gertrude.

L'agonie dura tout le jour. Notre-Seigneur ne s'éloigna pas de Gertrude, et des Anges allaient et venaient, chantant près de la mourante, avec des accords ravissants : « Venez, venez, venez, ô Reine; les délices du Paradis vous attendent. Alleluia! Alleluia! »

L'heure de la mort approchait. Jésus dit à Gertrude : « Enfin, il est venu le moment de donner à ton âme le baiser qui doit l'unir à moi; enfin, mon Cœur pourra te présenter à mon Père céleste! »

Au même instant, l'âme bienheureuse de

Gertrude, rompant le lien qui l'attachait au corps, s'éleva vers Jésus, et pénétra dans le sanctuaire de son très doux Cœur [1].

Peu après, la sainte dépouille de Gertrude était exposée dans l'église du monastère. Le lendemain, à l'heure de la sépulture, la confidente de la Sainte vit une multitude d'âmes, délivrées des flammes du Purgatoire par le mérite de Gertrude, la rejoindre dans le ciel.

Les religieuses du monastère de Heldelfs ne pouvaient se consoler du départ de Gertrude. Jamais, dit l'historien de sa vie, personne ne fut aimé comme elle; les jeunes filles mêmes, élevées dans l'enceinte de l'abbaye, des enfants dont plusieurs avaient à peine sept ans, tenaient beaucoup plus à Gertrude qu'à leurs propres mères, et de longs jours après la sépulture de la Sainte, tous la pleuraient encore.

Dieu les consola par plusieurs communications célestes; une Sœur vit Gertrude debout devant le trône de Dieu; elle disait : « O Souverain Bienfaiteur, je demande une grâce à votre bonté : chaque fois que mes filles iront visiter mon sépulcre, allégez leurs tristesses, leurs tentations, afin qu'à ce signe elles reconnaissent que je suis vraiment leur mère. »

1. Le P. Laurent Clément et la légende du Bréviaire fixent la date de la mort de sainte Gertrude au 17 novembre 1292. Gertrude était âgée de soixante-dix ans.

Un autre jour, Gertrude était vue prosternée devant le trône de Dieu; elle priait pour ses filles, et Jésus répondait : « Je tiendrai fixés sur elles les regards de ma miséricorde. »

Daignez, ô glorieuse et aimable Sainte, adopter pour enfants tous ceux qui, ayant lu le récit de votre vie, remercieront le Cœur de Jésus de vous avoir tant aimée; dirigez vers leurs âmes, arrêtez sur elles les regards de la miséricordieuse Vierge Marie; obtenez que, par son intervention toute-puissante, le Cœur de Jésus laisse enfin tomber sur le monde les flots de grâce qui doivent le purifier de ses crimes et renouveler sa jeunesse, pour la plus grande gloire de Dieu. Ainsi soit-il.

DEO GRATIAS!

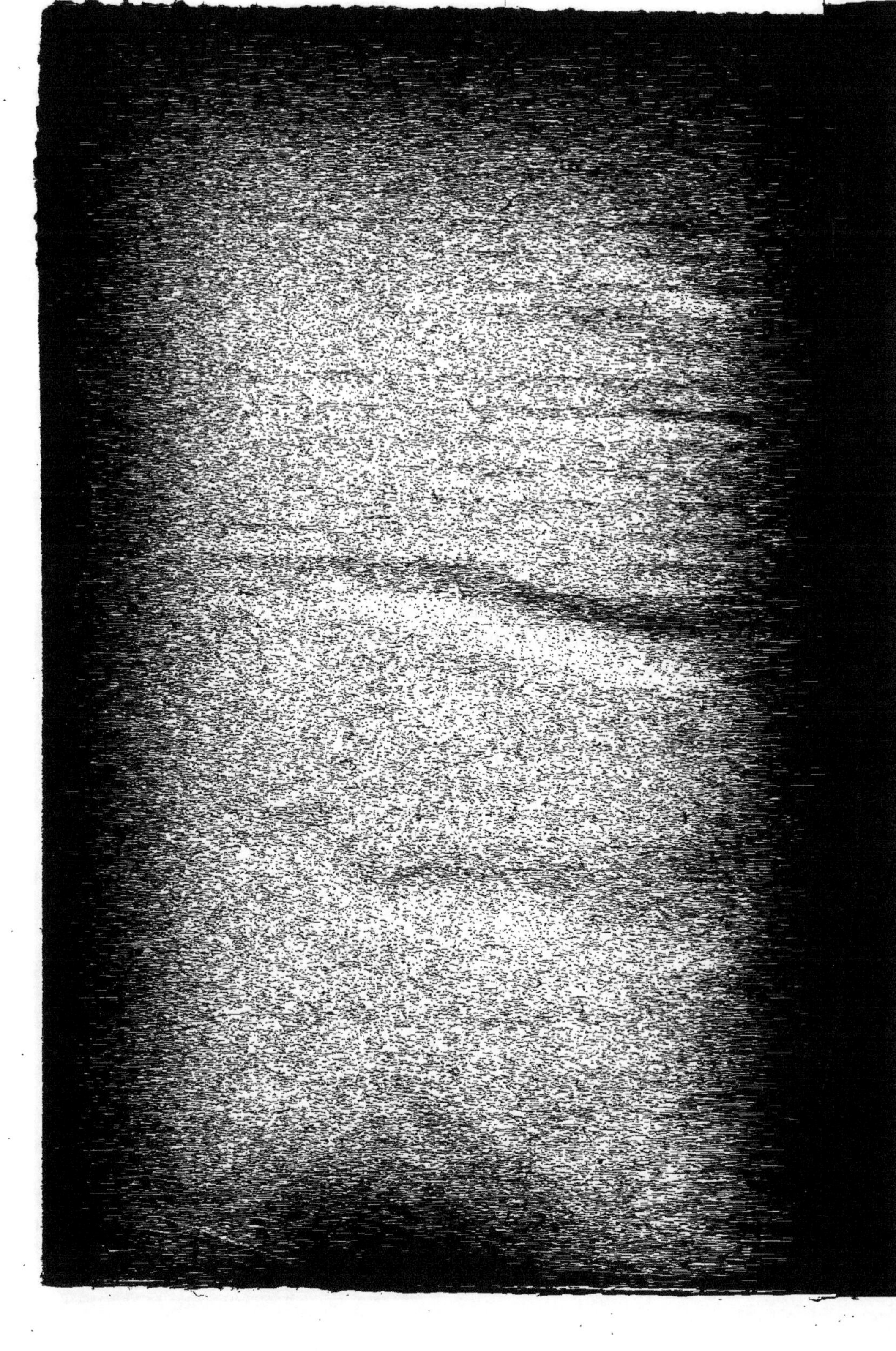

TABLE DES MATIÈRES

Les Frères DOULADOURE, Imp., r. St-Rome, 39, Toulouse. - 8542 - 1928